ADOLPHE JOANNE

GÉOGRAPHIE

DU

MORBIHAN

14 gravures et une carte

HACHETTE ET CIE

GÉOGRAPHIE

DU DÉPARTEMENT

DU MORBIHAN

AVEC UNE CARTE COLORIÉE ET 14 GRAVURES

PAR

ADOLPHE JOANNE

AUTEUR DU DICTIONNAIRE GÉOGRAPHIQUE ET DE L'ITINÉRAIRE
GÉNÉRAL DE LA FRANCE

QUATRIÈME ÉDITION

PARIS

LIBRAIRIE HACHETTE ET Cie

79, BOULEVARD SAINT-GERMAIN, 79

1888

TABLE DES MATIÈRES

LISTE DES GRAVURES

Typographie Lahure, rue de Fleurus, 9, à Paris.

· DÉPARTEMENT

DU MORBIHAN

I. — Nom, formation, situation, limites, superficie.

Le département du Morbihan doit son *nom* à un grand golfe, ou plutôt à une petite mer intérieure, que les Bretons, dans leur ancienne langue, ont appelée, par opposition à l'Océan, *Mor Bihan*, mot à mot Mer Petite. Ce golfe est voisin de Vannes, le chef-lieu du département.

Il a été *formé*, en 1790, d'une partie de la *Basse-Bretagne*, moitié occidentale de la **Bretagne**, l'une des plus grandes et des plus importantes provinces qui composaient alors la France.

Situé dans le nord-ouest, il est, après le Finistère, le département le plus occidental de la France. Quatre départements, — la Loire-Inférieure, Maine-et-Loire, Indre-et-Loire, l'Indre, — le séparent du département du Cher, qui occupe assez exactement le centre de la France. Sans compter la Seine, cinq départements, — Ille-et-Vilaine, la Mayenne, la Sarthe, Eure-et-Loir, Seine-et-Oise, — le séparent de Paris : son chef-lieu, Vannes, est à 499 kilomètres ouest-ouest-sud de Paris par le chemin de fer, à un peu moins de 400 en ligne droite. Ajoutons que le Morbihan est un de nos vingt-trois départements maritimes, l'un des huit que baigne l'océan Atlantique. Il est traversé, un peu à l'est de Vannes et de Rohan, par le 5e degré de longitude ouest, et par le 6e degré tout près de son extrémité occidentale, à l'ouest de Gourin. Dans l'autre sens, c'est-à-dire de l'est à l'ouest, il est coupé, dans sa partie septentrionale, au nord de Ploërmel, au sud de Pontivy, par le 48e degré de latitude septentrionale : il est, en conséquence, un peu plus voisin du Pôle que de l'Équateur, que séparent l'un de l'autre, qui le sait, 90 degrés ou un quart de cercle. La ville de Vannes est à peu près sous la même longitude que celles de Loudéac et de Saint-Brieuc (Côtes-du-Nord), et sous la même latitude que les villes de Redon (Ille-et-Vilaine), la Flèche (Sarthe), Blois (Loir-et-Cher), Vesoul (Haute-Saône) et Belfort.

Le département du Morbihan est *borné :* — au sud, par l'Atlantique ; — au sud-est, par la Loire-Inférieure ; — à l'est, par Ille-et-Vilaine ; — au nord, par les Côtes-du-Nord ; — à l'ouest, par le Finistère. Excepté sur l'Océan, ses limites sont généralement conventionnelles, c'est-à-dire tracées à travers champs, sans être déterminées par des obstacles naturels, tels que la mer, les rivières, les montagnes. Ses principales frontières naturelles sont : à l'est, le cours presque tout entier de l'Aff, tributaire de l'Oult ou Oust, puis le cours de l'Oult lui-même, puis celui de la Vilaine en aval de Redon, et, à l'ouest, l'estuaire de la Laïta ou rivière de Quimperlé et une partie du cours moyen du Scorff. Le Blavet, le Larhon, le Lié, le Ninian, le Duc et quelques autres cours d'eau secondaires servent aussi çà et là de limite au département sur des étendues plus ou moins longues.

Sa *superficie* est de 709,300 hectares : sous ce rapport, c'est le dix-neuvième département de la France : en d'autres termes, 18 seulement sont plus vastes. Il est plus long que large : tandis qu'il n'a que 20 kilomètres de *largeur* sous la longitude de Gourin, un peu plus de 50 sous celle de Lorient, 80 sous celle de Quiberon, 65 sous celle de Vannes, 75 sous celle de Ploërmel, sa *longueur* dépasse 100 kilomètres sous le parallèle de Lorient, 110 sous celui de Pontivy. Son *pourtour* peut être évalué approximativement à 500 kilomètres, si l'on ne tient pas compte d'une multitude de sinuosités secondaires dont est découpé le littoral.

II. — Physionomie générale.

Le département du Morbihan n'offre un aspect vraiment pittoresque que sur le bord de l'Océan et des baies que la mer a profondément découpées dans les terres. Cependant certaines parties de son territoire sont agréablement accidentées, et l'on y trouve de hautes collines, presque de petites montagnes.

C'est au nord-ouest, près des limites du département des Côtes-du-Nord et non loin de celles du département du Finistère, qu'il faut chercher le point culminant de tout le Morbihan, dans un massif, ou plutôt dans une chaîne, qui a presque tout son développement dans le Finistère, la chaîne des **Montagnes-Noires**. Les Montagnes-Noires (on dit aussi la Montagne-Noire) doivent leur nom, soit aux forêts qui les recouvrent, en alternant avec des landes stériles, soit à la sombre couleur de leurs roches, ardoises, quartz, grès, granits, etc.

La cime culminante du département se dresse à l'est-nord-est de Gourin, à la lisière du territoire des Côtes-du-Nord, au nord-ouest de Plouray, près du hameau de Botquélocz, au-dessus des sources d'un affluent de l'Ellé; elle a 297 mètres. C'est six fois la hauteur de la flèche d'Hennebont, le monument le plus élevé du département; mais ce n'est même pas la seizième partie de la hauteur du Mont-Blanc, montagne du département de la Haute-Savoie, qui, ayant 4,810 mètres d'altitude, est la cime la plus élevée, non-seulement de la France, mais encore de l'Europe entière, si l'on fait abstraction du Caucase (5,660 mètres), chaîne d'ailleurs plus asiatique qu'européenne. Divers autres sommets du Morbihan ont plus de 250 mètres : au sud de Plouray, une colline s'élève à 294 mètres, une autre à 271; dans la forêt de Conveau, au nord-est de Gourin, le Roc de la Madeleine atteint 266 mètres.

Parmi les villes du département, Vannes, Lorient et les autres cités voisines du littoral ont naturellement une faible altitude; Auray, sur sa colline escarpée, est à 35 mètres au-dessus de la mer, Pontivy à 56, la Roche-Bernard à 58, Josselin à 70, Ploërmel à 76, Rochefort-en-Terre à 78, Questembert à 90, Locminé à 108, ainsi que Rohan et la Trinité-Porhoët, le Faouët à 135, Gourin à 158, etc.

L'Océan longeant le département au sud, et les points culminants se trouvant au nord, il s'ensuit que le sol s'incline au sud, tantôt vers le sud proprement dit, tantôt vers le sud-ouest comme le long du Blavet, tantôt vers le sud-est comme le long de l'Oust. Dans l'ensemble, le territoire est assez faiblement accidenté; les vallées, les vallons profonds n'y sont pas rares, toutefois les plateaux dominent : plateaux qui furent autrefois une immense forêt, mais qui aujourd'hui sont en partie cultivés, en partie boisés, en partie couverts de landes dont l'étendue diminue tous les jours. Parmi les forêts, on peut citer : la *forêt de Conveau*, au nord-est de Gourin, dans les Montagnes-Noires; la *forêt de Quenecan*, au nord de Cléguérec, près du canal de Nantes à Brest; la *forêt de Lanouée*, au nord de Josselin; la *forêt de Camors*, entre Pluvigner et Baud; etc. Parmi les landes, la plus grande en même temps que la plus inféconde, la plus curieuse, la plus célèbre, est la **lande de Lanvaux**, qui s'étend de l'ouest-nord-ouest à l'est-sud-est, longue de 50 kilomètres, large de 2 à 5, haute de 80 à 160 mètres, entre deux vallées tributaires de l'Oust, la vallée de la Claie au nord, la vallée de l'Arz au sud. Elle est au midi de Malestroit et de Saint-Jean-Brévelay, au nord d'Elven et de Rochefort-en-Terre. Personne ne l'a mieux décrite que M. Pol de Courcy.

« La lande de Lanvaux, dit-il, est une plaine immense, où le voyageur ne saurait trouver d'ombre contre le soleil, d'abri contre le vent, de refuge contre la pluie. Les pieds n'y foulent que des bruyères desséchées et des gazons rabougris; l'oreille n'y entend que les cris plaintifs des vanneaux et les chants stridents des grillons; l'œil ne découvre que des rochers brisés et bouleversés sur les sommets pelés de ce désert. Là, point de ruisseau qui serpente et qui murmure, point de source qui filtre sous des gazons fleuris, point de lac azuré qui réfléchisse un feuillage ombreux ; mais des marais fangeux dans les bas-fonds, des fondrières boueuses sous des herbes roides et sombres, un étang aux eaux rouillées, dont les tristes bords n'ont pas un arbre, pas une fleur, pas un glaïeul. »

Ce qui contribue encore à la tristesse, à l'étrangeté de la lande de Lanvaux, ce sont ses monuments barbares, ses mégalithes, dolmens, demi-dolmens, menhirs isolés ou plantés par longues rangées : ces pierres singulières, solennelles, sont surtout nombreuses, et comme agglomérées, dans la portion orientale de la lande appelée indifféremment Haut–Brambien, landes du Haut-Brambien, *bois de Brambien.*

Ce n'est pas seulement dans la lande de Lanvaux, surtout dans le bois de Brambien, que se rencontrent des mégalithes ; on en trouve partout dans ce département, celui de la France qui en possède le plus grand nombre ; pour n'en citer qu'un seul champ, les Alignements de Carnac sont célèbres dans le monde entier. Ils sont particulièrement nombreux dans les communes qui bordent l'Atlantique. Ces pierres sauvages, dont l'origine et la destination n'ont jamais été définitivement expliquées, sont, on peut l'affirmer, un des éléments caractéristiques des paysages mélancoliques du Morbihan, terre assombrie par la couleur de ses roches comme par les brumes et les pluies de son ciel, où luit rarement un soleil sans nuages.

III. — Littoral ; cours d'eau.

Le littoral du Morbihan, quoique beaucoup moins déchiqueté que celui du Finistère ou des Côtes-du-Nord, est un des plus découpés de la France. Du nord-ouest à l'est-sud-est, de l'embouchure de la Laïta, ou rivière de Quimperlé (limite avec le Finistère), jusqu'à l'anse de Penbaie (limite avec la Loire-Inférieure), de cap en cap, sans comprendre le Morbihan, espèce de lac intérieur, et une foule d'anses secondaires, sa longueur est d'environ 150 kilomètres.

La **Laïta, ou rivière de Quimperlé,** est un large estuaire, long d'une quinzaine de kilomètres, qui ne dépend du Morbihan que par une portion de sa rive gauche. Elle est formée, à Quimperlé, ville du Finistère, par la réunion de deux rivières, l'Ellé et l'Isole. L'*Ellé*, né dans les Côtes-du-Nord, entre dans le Morbihan, y coule au pied de la colline du Faouët et reçoit deux gros ruisseaux morbihanais, le *Pont-Rouge* et le *Ster-Laër* ou *Inam*, qui baigne Gourin ; puis il passe dans le Finistère. L'*Isole* n'a dans le Morbihan que son cours tout à fait supérieur, vers Roudouallec. Quant à la Laïta, elle est navigable en vives eaux pour les embarcations qui n'exigent pas plus de 2 mètres 30 centimètres de profondeur.

Le premier cap un peu important qu'on rencontre après l'embouchure de la Laïta est la Pointe du Talut, séparée de l'île de Groix par la Basse des Bretons, qui a 5 à 6 kilomètres de largeur. **Groix** est une île de 1,476 hectares avec 4,660 habitants, cerclée de falaises schisteuses où les lames ont creusé des cavernes ; elle a près de 20 kilomètres de contour ; elle possède deux grands phares, des collines dont la plus haute ne dépasse guère 50 mètres, et une foule de petits ports. Elle est située à 7 kilomètres sud-ouest du chenal de Port-Louis, qui est à l'embouchure du Blavet.

Le **Blavet**, fleuve côtier d'un cours de 140 à 150 kilomètres, dont les deux tiers ou un peu plus appartiennent au Morbihan, prend ses sources dans le département des Côtes-du-Nord, au sein de coteaux qui ont un peu plus de 300 mètres d'altitude. A Goarec, il rencontre le *canal de Nantes à Brest*, auquel il prête son lit jusqu'à Pontivy. Il commence à toucher le département par sa rive droite à la lisière de la forêt de Quénecan, puis il y entre aussi par sa rive gauche. A Pontivy, le Blavet cesse de faire partie du canal de Nantes à Brest, mais continue d'être artificiellement navigable sous le nom de *canal du Blavet*. A 60 kilomètres en aval de cette ville, à Hennebont, il coule sous les arches élevées d'un viaduc long de 222 mètres, construit pour le chemin de fer de Nantes à Brest, et il devient accessible aux navires calant 2 mètres, tandis que de Pontivy à Hennebont il ne peut admettre que ceux tirant 1 mètre 26 centimètres. Il forme ensuite la vaste rade de Lorient et de Port-Louis, où il reçoit le Scorff, avant de se perdre dans l'océan Atlantique. Ses affluents principaux sur le territoire du Morbihan sont : le *Sarre* (rive droite), long de 30 à 35 kilomètres, l'*Evel* (rive gauche), qui a un cours d'environ 50 kilomètres ; se grossit du *Runio*, du *Signan*, du *Tarun*, et passe près du bourg de Baud ; le **Scorff**, de beaucoup le plus important de ses tributaires : le Scorff, dont le cours sinueux est d'environ 70 kilomètres, a sa source dans le département des Côtes-du-Nord, au pied de coteaux d'une altitude maxima de 275 mètres, mais il entre presque aussitôt dans le Morbihan, où il baigne deux chefs-lieux de canton, Guéméné et Pontscorff, bourgade à partir de laquelle il est considéré comme navigable, pendant un peu plus de 12 kilomètres, jusqu'à son embouchure. En approchant de Lorient, il prend la largeur d'un fleuve ; c'est en aval de Kérentrech, après avoir passé sous un magnifique pont suspendu d'une travée de 200 mètres, au delà d'un viaduc du chemin de fer de Nantes à Brest (358 mètres de longueur), qu'il baigne Lorient, dont il forme le port.

Au delà de l'embouchure du Blavet, la Pointe de Gâvres, rocher fortifié, est le commencement d'un littoral sablonneux, qu'interrompt la Passe de l'Étel, dont une barre rend souvent l'entrée difficile. L'*Étel* est un estuaire continuant une sorte de lac intérieur, un petit Morbihan et surtout un grand marais qui ne reçoit que d'insignifiants ruisseaux : le bourg de Belz, chef-lieu de canton, a été bâti sur la rive sud de ce lac.

Les sables de la Passe de l'Étel se prolongent le long de la côte d'Erdeven et de Plouharnel, couverte de monuments mégalithiques : ces sables ont fait de l'île de **Quiberon**, terre granitique, une péninsule allongée dont l'isthme n'a pas plus de 50 mètres (au fort Penthièvre) entre la haute mer et la baie de Quiberon. La presqu'île de Quiberon, large, sur divers points, de 500, de 1,000, de 2,500 mètres, s'étend à 15 ou 18 kilomètres en mer à la rencontre de trois îles, Belle-Ile, Houat et Hœdic.

Belle-Ile, à 13 kilomètres de la Pointe de Quiberon, a, de cap à cap, 48 kilomètres de tour ; sa longueur est de 16 kilomètres, sa plus grande largeur de 8 ; elle a 8,760 hectares, 9,900 habitants, — marins, pêcheurs ou laboureurs, — une côte sauvage, une « côte de fer, » comme on dit dans l'île ; 64 anses, deux bons ports, le Palais et Sauzon ou Port-Philippe ; une cinquantaine de forts et fortins, des coteaux dont les plus élevés atteignent 60 à 65 mètres, et un phare de 135 mètres au-dessus de l'Océan, de 85 au-dessus du sol. Son climat est très-doux, son sol nu, mais fertile, avec de bonnes prairies.

Houat, à 10 kilomètres de la Pointe de Quiberon et à peu près à la même distance de Belle-Ile, ne renferme que 220 habitants ; elle a près de 4,500 mètres de longueur sur 500 à 1,200 de largeur, et produit de bon blé. Son nom breton lui vient des canards sauvages qui visitent ses falaises.

Hœdic (240 habitants) a 1,000 ou 1,200 mètres sur 2,000 : ce n'est qu'un banc de sable défendu par une ceinture de rochers, à 6 kilomètres d'Houat, à 13 ou 14 de Belle-Ile, à 16 de la terre ferme.

La baie de Quiberon a 15 kilomètres d'ouverture, du fort de Congnet, pointe extrême de la presqu'île de Quiberon, jusqu'à la Pointe du Grand-Mont ou de Saint-Gildas, l'un des caps de la presqu'île de Rhuis. Son littoral, découpé d'anses nombreuses, en partie desséchées à marée basse, est borné au nord par le célèbre territoire de Carnac et de Locmariaquer. Elle communique avec le Morbihan par un étroit goulet, où le flux et le reflux forment un courant assez dangereux.

Le **Morbihan** est une petite mer intérieure, ce que veut dire son nom breton, *mor*, mer, *bihan*, petite ; mais à cette mer manquent les fleuves, car il n'y tombe que de tout petits ruisseaux tels que le *Vinsein*, le *Tréluhan*, *Lizier* ou *Saint-Nolff*, la *Marle*, qui sert d'écoulement à l'étang du Duc et qui passe à Vannes. On donne aussi à la réunion de ces ruisseaux, qui forment le port de Vannes, le nom de *Coudat*. Dans le Morbihan débouche aussi la **rivière d'Auray**, qui est un cours d'eau médiocre de 50 kilomètres de cours, navigable sur 14 kilomètres à partir d'Auray, à marée basse, pour les navires calant 3 mètres 50, à marée haute pour les navires

Le Palais, à Belle-Ile.

tirant 5 mètres. Réuni à la *mor braz*, ou grande mer, par une
passe entre les presqu'îles de Locmariaquer et de Rhuis, passe
qui a 15 à 20 mètres d'eau en basse mer, « il ressemble à une
feuille de vigne, tant son rivage a été déchiré par l'Océan, tant
il a été dentelé de baies, de criques et de caps. » Le Morbihan,
qui est le « Bassin d'Arcachon » de la Bretagne, a des chenaux
vides, demi-pleins ou pleins suivant leur profondeur et l'état
de la marée, des *behins* ou bancs de vase noirâtre, des îles dont
la plus célèbre (à cause de son superbe galgal) est l'île de la
Chèvre ou *Gavr'inis*; la plus grande, la plus fraîche et la plus
belle, l'*île aux Moines* (318 hectares), en breton Izenah, con-
nue par ses bons marins ainsi que sa voisine l'*île d'Arz* (313
hectares). Les rives de ce golfe et celles de ces îles sont fertiles, sous un climat d'une douceur extraordinaire pour la latitude : on y voit des figuiers comme dans le sud-ouest de la
France, des lauriers-roses et des aloès comme en Algérie. Le
Morbihan a 20 kilomètres de longueur sur 12 de largeur;
son contour est difficile à évaluer à cause de la multipli-
cité des estuaires, sur lesquels empiètent plus ou moins les
flots de la haute mer.

La **presqu'île de Rhuis** (24 kilomètres sur 8; 11,000
hectares) sépare le Morbihan de la mer. La côte occidentale
de cette péninsule, de l'estuaire du Morbihan aux falaises
de gneiss et de micaschiste de Saint-Gildas-de-Rhuis, est
« une des moins dangereuses de la Bretagne; les vagues, amor-
ties par la presqu'île de Quiberon et la digue d'écueils de
Houat et d'Hœdic, s'y brisent avec moins de fureur que sur
les autres *côtes de fer* de l'Armorique. » On passe successive-
ment devant le bon port de Navalo, le phare de Navalo, l'anse
d'Arzon, l'anse de Cornault, le cap du Grand-Mont, la Pointe
de Saint-Jacques; puis on s'avance à l'est, sauf les accidents
secondaires de la côte (anse de Sucinio, Pointe de Penvins,
rade de Penerf, rade de Billiers), vers l'estuaire de la Vilaine,
qui est le plus grand des fleuves purement bretons.

La **Vilaine**, dont le vrai nom serait *Visnaine*, a ses sources
dans le département de la Mayenne, au sein de collines qui

dépassent un peu 200 mètres, et la plus grande partie de son cours, de 220 kilomètres, dans le département d'Ille-et-Vilaine, où elle baigne Vitré, Rennes, Redon, et devient navigable à Cesson, à 6 kilomètres en amont de Rennes, à 144 kilomètres de l'Océan. Dans la banlieue de Redon, un peu en aval de cette ville, au confluent de l'Oust ou Oult, elle commence à toucher le territoire du Morbihan par sa rive droite, puis entre définitivement dans le département. Si de Cesson à Redon elle ne peut porter que des embarcations de 70 tonnes au plus, de Redon à la mer elle admet, en vive eau, les navires d'un tirant de 4 mètres. Après avoir passé sous le célèbre pont suspendu de la Roche-Bernard, pont d'une seule travée, long de près de 197 mètres, élevé de plus de 50 mètres au-dessus des hautes marées d'équinoxe, la Vilaine, s'élargissant de plus en plus, devient un estuaire qui s'unit à l'Océan entre Pénestin et Billiers, à quelques kilomètres au sud de Muzillac. Elle ne reçoit, dans le département du Morbihan, qu'un seul grand tributaire, l'Oust, mais cette rivière est de beaucoup le plus important de tous ses affluents; elle lui arrive par la rive droite, tout près et au-dessous de Redon.

L'**Oust**, corruption d'**Oult**, qui est le vrai nom, est une rivière d'environ 150 kilomètres de longueur, qui coule vers le sud-est, d'abord dans le département des Côtes-du-Nord, où elle a sa source dans des coteaux de 320 mètres d'altitude, puis dans le Morbihan, où son cours se confond avec le canal de Nantes à Brest. Elle y baigne Rohan, Josselin, Malestroit, et reçoit le Larhon, le Lié, le Niniam, la Claie, l'Aff et l'Arz. — Le *Larhon* n'est qu'un ruisseau qui a presque tout son cours dans les Côtes-du-Nord; il tombe dans l'Oust (rive gauche) à Saint-Samson. — Le *Lié*, long d'une soixantaine de kilomètres, vient également des Côtes-du-Nord, entre Loudéac et Saint-Brieuc; il n'appartient d'abord au Morbihan que par sa rive droite à partir de la Chèze, puis par ses deux rives à une petite distance seulement au-dessus de son embouchure dans l'Oust. — Le *Niniam*, ou *Ninian*, qui vient aussi des Côtes-du-Nord et dont le cours est presque aussi long que celui du Lié, passe à la Trinité-Porhoët ; il serpente dans la lande restée fameuse jusqu'à nos jours par le grand duel qui a gardé le nom de Combat des Trente, et reçoit le *Leverin* et le *Duc* : celui-ci, qu'on appelle également *Ivel*, est plus long que le Niniam, qui lui dérobe son nom ; venu des Côtes-du-Nord, il remplit l'*étang au Duc*, qui a 12 kilomètres de tour, et en ressort, tout près de Ploërmel, par une cascade haute de 7 mètres. — La *Claie* ou *Claye*, tributaire de droite, coule au sud de Saint-Jean-Brévelay et côtoie la base septentrionale des collines qui portent la lande de Lanvaux ; elle a un développement de 60 kilomètres. — L'*Aff*, affluent de gauche, a 50 à 60 kilomètres ; il arrive du département d'Ille-et-Vilaine ; pendant presque tout son cours, il sert de limite entre le territoire d'Ille-et-Vilaine, que borde sa rive gauche, et celui du Morbihan, que longe sa rive droite ; il passe au pied de Guer, à la Gacilly, où il devient navigable pour les bateaux d'un chargement de 12 à 15 tonnes (au moins dans la saison pluvieuse, et avec l'aide des marées), et se grossit de l'*Oyon* et du *Rahun*. — L'*Arz* (60 kilomètres) borde, au sud, le pied des talus de la lande de Lanvaux : coulant dans une vallée marécageuse, inondée en partie pendant les cinq sixièmes de l'année, il passe au nord d'Elven et de Rochefort-en-Terre et coupe le chemin de fer de Nantes à Brest ; c'est un affluent de droite de l'Oust.

Au sud de l'embouchure vaseuse et peu profonde de la Vilaine (2 à 3 mètres seulement à mer basse), on n'a plus à faire que quelques kilomètres, le long d'un littoral de roches tendres, facilement entamé par le flot, et l'on entre dans le Trait de Penbaie, anse qui se trouve pour la plus grande partie sur le territoire de la Loire-Inférieure.

IV. — Climat.

Le département du Morbihan, traversé par le 48ᵉ degré de latitude, est un peu plus rapproché du Pôle que de l'Équateur ; malgré cela, il jouit d'une température fort douce : car le sol n'y a pas une grande altitude et il est situé sur le rivage de l'Atlantique. En effet, moins une contrée est élevée, moins il y fait froid, et moins les changements de temps y sont brusques et considérables. D'autre part, le voisinage de la mer a l'inestimable privilége de modérer, d'égaliser la température, d'en amoindrir les excès, de rendre l'hiver plus doux, l'été plus frais, de créér, en un mot, ce qu'on nomme des *climats maritimes*, par opposition aux *climats continentaux*, qui sont brusques, excessifs, mais aussi bien moins brumeux et moins nuageux.

Dans le département du Morbihan règne le *climat armoricain* ou *climat breton*, le plus tempéré des sept climats entre lesquels on divise ordinairement la France : climats dont quatre sont maritimes, le *séquanien* (à Paris), l'*armoricain*, le *girondin* (à Bordeaux), le *méditerranéen* (à Marseille), et trois continentaux, le *vosgien* (à Épinal), le *rhodanien* (à Dijon) et l'*auvergnat* ou *limousin* (à Clermont-Ferrand ou à Limoges).

La douceur exceptionnelle du climat du Morbihan est due surtout à des courants secondaires du Gulf-Stream, dont les vapeurs, sous l'action du vent du sud-ouest, vent dominant de la contrée, l'enveloppent souvent d'un tiède manteau de brouillards ou de pluies. C'est à cette cause qu'est due la végétation toute méridionale de la presqu'île de Rhuis aussi bien que celle de Roscoff et du nord-ouest du Finistère.

Si toute l'eau tombée du ciel pendant l'année restait sur le sol sans être absorbée par la terre ou pompée par le soleil, on aurait, au bout des douze mois, une nappe d'eau dont la profondeur serait, suivant les lieux, de 70 centimètres à 1 mètre : la moyenne de la France est de 77 centimètres.

V. — Curiosités naturelles.

Le Morbihan ne possède aucune des grandes curiosités naturelles qui ne se rencontrent que dans les régions montagneuses : glaciers, neiges perpétuelles, rivières sortant d'une arche de glace, lacs bleus ou verts, torrents et cascades, panoramas sublimes. Mais il doit à la mer des curiosités d'un autre ordre, des roches minées ou trouées par le flot, des falaises battues par la vague, des cavernes creusées par l'Océan, des baies tranquilles, des détroits sauvages, et, du haut de ses caps, on découvre des points de vue immenses, dont l'aspect varie suivant l'état du ciel. Les sites gracieux y abondent ; chaque vallée, chaque vallon a les siens propres, dans le bassin de la Vilaine comme dans ceux de la rivière d'Auray, du Blavet et de la Laïta. Dans les cantons du Faouët et de Gourin, les sites ont parfois une grandeur et une sévérité imposantes.

VI. — Histoire

Aucun département ne nous transporte, par son histoire, à des âges plus reculés ; aucun ne possède des souvenirs plus nombreux et plus grandioses d'époques inconnues, de peuples oubliés qui n'ont laissé, pour tout souvenir, que des pierres étranges, malheureusement sans noms et sans inscriptions. Sur la plage solitaire de *Carnac*, près d'Auray, cinq ou six cents de ces énormes pierres, plantées en terre par un prodige de travail, sont rangées sur plusieurs files qui se déroulent sur une longueur de plus d'une demi-lieue. Débris des *Alignements* de Carnac qui comptèrent jusqu'à *quatre mille* pierres, ces monuments inexplicables font toujours l'étonnement du voyageur et demeurent comme une énigme que la science ne peut déchiffrer.

Partout dans le Morbihan se retrouvent des monuments non moins étranges, des mégalithes[1](μέγας, grand, λίθος, pierre) à Locmariaquer, dans les îles du Morbihan, dans la presqu'île de Rhuis, dans les landes de Grandchamp, d'Elven, etc. Ces menhirs (pierres debout), ces dolmens (pierres horizontales supportées par des pierres verticales) ont été longtemps considérés comme des monuments ou des autels druidiques. Mais cette opinion est aujourd'hui abandonnée. Sous ces dolmens, dans ces *allées couvertes*, on retrouve des indices certains de sépultures, et nous sommes en présence des tombeaux de peuples

1. Les principaux mégalithes de Carnac et de Locmariaquer ont été acquis récemment par l'État, qui en assurera désormais la conservation.

Alignements de Carnac.

qui, ainsi que les Égyptiens, regardaient ces demeures dernières comme les demeures éternelles et les bâtissaient, du moins celles des principaux chefs, pour l'éternité.

Aux temps historiques, le Morbihan fut le séjour d'une véritable puissance maritime, celle des *Vénètes*. L'Océan formait sur les côtes une mer fermée et semée de nombreuses îles : le golfe du Morbihan, qui a donné son nom au département. Les *Vénètes*[1] (habitants de Vannes, en breton *Gwened*) possédaient, suivant le témoignage de César, de nombreux navires à l'aide desquels ils faisaient le commerce avec la Grande-Bretagne; ils étaient, en fait de navigation, plus instruits et plus expérimentés que les autres peuplades; maîtres du petit nombre de ports qui se trouvaient placés à de grandes distances sur les côtes sans abri de cette mer orageuse, ils avaient pour tributaires la plupart de ceux qui la fréquentaient.... « Telle était, dit César, l'assiette des places fortes situées sur des langues de terre ou des promontoires, qu'elles n'étaient accessibles ni aux gens de pied à cause du flux, ni aux navires parce qu'à la marée descendante ils couraient risque de se perdre sur des bas-fonds. » La marine florissante des Vénètes était en relations suivies, soit avec le nord-ouest de l'Espagne, soit avec les Cassitérides. Phéniciens et Carthaginois ont laissé leurs traces dans la contrée qui devait être un de leurs *emporium*, une de leurs stations sur la route de l'étain et de l'ambre. Pour ne pas avoir été encore constatée, l'histoire de ce commerce n'en est pas moins certaine. La trace s'en retrouve dans tous les dolmens que fouille avec tant d'intérêt la curiosité des archéologues de la Société polymathique du Morbihan.

César cependant parvint à triompher de la flotte des Vénètes (56 av. J.-C.). Leurs vaisseaux, en effet, étaient lourds et massifs : « quand ils combattaient les nôtres, dit César, nous ne pouvions l'emporter que par la rapidité et la

---

[1] Nous n'avons pas ici à nous prononcer sur l'opinion de M. E. Desjardins, qui place les Vénètes (Géographie de la Gaule romaine) plus bas, à l'embouchure de la Loire. Nous adoptons l'opinion courante, signalant seulement aux érudits cette opinion du savant membre de l'Institut.

manœuvre des rames ; pour tout le reste, ils étaient mieux appropriés aux parages qu'ils fréquentaient et à la violence des tempêtes : ils étaient d'ailleurs d'une telle solidité que nos éperons ne pouvaient rien contre eux ; la hauteur de leurs bordages les mettait à l'abri de nos traits. Quand il s'élevait une rafale, ils s'abandonnaient au vent, et supportaient mieux que nous les coups de mer. » César usa de ruse : il fit fabriquer des faux dont il arma ses soldats. Ces faux, emmanchées au bout d'une longue perche, servirent à couper les cordages qui attachaient les vergues aux mâts, et comme les voiles et les agrès faisaient toute la force des navires gaulois, ceux-ci, en les perdant, se trouvaient complétement paralysés.

La défaite de la flotte des Vénètes entraîna la soumission des autres peuples du littoral, de l'Armorique, comme on l'appela plus tard. La domination romaine s'établit en ce pays comme dans le reste de la Gaule, mais nous ne pouvons dire si à cette époque le nom de *Dariorigum*, principale ville des Vénètes, doit être attribué à Vannes ou à Locmariaquer. Quoi qu'il en soit, ce point important du Morbihan fut relié par des voies romaines à Corseult, à Redon, à Rieux, à Nantes, et le commerce devint l'occupation presque exclusive des marins du Morbihan.

Le christianisme pénétra enfin jusqu'à ces rivages reculés, où, rencontrant un esprit religieux très-ancien et très-profond, il s'implanta avec plus de force que partout ailleurs. L'évêché de Vannes fut fondé vers 398, et déjà à cette époque le pays échappait à la domination croulante des Romains. Des princes indépendants se partageaient l'Armorique, et, vers le milieu du VIᵉ siècle, Vannes commença à être régie par des comtes particuliers parmi lesquels des traditions plus ou moins précises nomment le cruel *Commore* sans trop s'accorder sur son nom. La même incertitude se retrouve pour ceux des autres chefs que ces mêmes traditions désignent dans la lutte que la Bretagne eut à soutenir pour défendre son indépendance, au temps des Francs mérovingiens, contre Clotaire, Chilpéric et Gontran. Il paraît certain que *Judicaël*, l'un d'entre eux, fut reconnu roi par Dagobert Iᵉʳ.

La lutte recommença sous Charlemagne, dont les armes soumirent la Bretagne ; puis sous Louis le Débonnaire et sous Charles le Chauve. A la dissolution de l'empire carlovingien, la Bretagne recouvra son autonomie, et Vannes fut réunie aux autres parties de la contrée sous l'autorité du fameux *Noménoë*, roi des Bretons en 843, et après lui de son fils *Hérispoé*.

Vannes eut ensuite ses comtes particuliers, issus d'un frère de Noménoë. Ils se distinguèrent, aux ixᵉ et xᵉ siècles, dans une époque de troubles sans fin, accompagnés des ravages des pirates normands. Les victoires des comtes bretons à Ballon (845) et à Questembert (880) assurèrent la Bretagne contre les Normands de la Loire ; tandis que le terrible droit de *bris*, qui devait vivre si longtemps, fermait le pays aux pirates qui essaimaient des régions scandinaves.

Lorsque commença la lutte des Plantagenets et des Capétiens, Vannes subit toutes les vicissitudes du duché de Bretagne, et, après la mort du jeune Arthur de Bretagne, lâchement assassiné en 1203 par son oncle Jean, l'antique cité des Vénètes vit les États de Bretagne se réunir pour la première fois dans ses murs afin de parer aux dangers du moment. Ces États envoyèrent une députation au roi de France pour le prier de venger la mort d'Arthur.

Vint ensuite la grande guerre de la succession de Bretagne, au milieu du xivᵉ siècle. Le Morbihan y prit une large part, et les noms de Ploërmel, d'Auray, de Vannes, d'Hennebont retentissent à chaque instant dans les chroniques. En dehors des grandes et funestes batailles qui se livrent en Picardie, aux champs de Crécy, et en Poitou près de la ferme de Maupertuis, le véritable théâtre de la guerre est la Bretagne, et en particulier le Morbihan. Vannes est prise et reprise par Jean de Montfort, le candidat anglais, et par Charles de Blois, le candidat français. Ce fut sous les murs de Vannes que Robert d'Artois (1342), le premier seigneur qui, pour satisfaire ses rancunes, s'était mis au service de l'Angleterre, fut blessé à mort. Un des auteurs principaux de la guerre de Cent-Ans reçut là sa punition avant même d'avoir pu jouir du désastre de Philippe de Va-

Hennebont.

lois. C'est à Hennebont que la comtesse Jeanne de Montfort sou-
tint, pendant la captivité de son mari, un siége fameux, l'un des
épisodes les plus connus de la guerre des deux Jeanne. L'importance de Hennebont ou Hen-Pont (le Vieux-Pont) était très-
grande alors comme position militaire. « On avait plus grande
joie, en ces temps-là, dit Froissart, de la prise et saisine de Hen-
nebon, que de tels quarante châteaux qui sont en Bretagne. »
En 1342, Jeanne de Montfort défendait cette place contre Charles de Blois. « Armée de corps et montée sur un bon cour-
sier, elle chevauchait de rue en rue par la ville. » Son courage
se communiquait à tous, et les femmes aidaient à la défense.
Quelquefois Jeanne tentait des sorties. Un jour elle ne put
rentrer, et l'inquiétude fut grande dans la ville. Mais au bout
de quelques jours les habitants la voient reparaître. Sans se
déconcerter, elle s'était réfugiée dans un château voisin, avait
rassemblé de nouvelles forces, avait retraversé les lignes enne-
mies et revenait victorieuse. Cependant la ville allait succom-
ber. On parlait de se rendre. Jeanne seule résistait et promettait
un secours des Anglais. « Attendez trois jours, disait-elle, trois
jours encore ! » Des fenêtres du château, elle interrogeait sans
cesse l'horizon ; enfin, les trois jours écoulés, au moment où le
désespoir devenait extrême dans la cité, la comtesse aperçut au
loin sur la mer une forêt de voiles. C'était le secours attendu.
Hennebont était sauvé.

Ce fut dans cette ville que Jean de Montfort, échappé à une
longue captivité, vint mourir en 1345, mais sans inquiétude
pour la cause de son fils, défendue avec tant d'intrépidité par la
comtesse.

Le nom de Ploërmel (l'origine de ce nom vient, dit-on, d'un
missionnaire *Armel* ou *Ermel*, qui, au vie siècle, y bâtit une
église) rappelle, sinon une des plus grandes batailles, du
moins un des faits les plus mémorables de la guerre de
Cent-Ans : le *Combat des Trente*, livré, dans la lande
de Mi-Voie, entre Ploërmel et Josselin, entre des chevaliers anglais, commandés par Benborough, et des chevaliers français, commandés par le sire de Beaumanoir, qui

occupait le château de Josselin ; combat acharné qui se termina par la victoire des chevaliers français. Ils avaient perdu quatre des leurs et les Anglais neuf. Au reste, parmi les quarante-neuf hommes qui avaient survécu, il n'y en avait aucun dont le corps ou le visage ne fût couvert de blessures. Il

Colonne des Trente.

passa en proverbe de dire à propos d'une bataille vivement disputée : « On s'y battit comme au Combat des Trente. » Une colonne quadrangulaire en granit, élevée en 1819, en perpétue le souvenir et porte les noms des combattants.

La petite ville de Josselin, dont nous venons de parler, était la capitale du Porhoët ou du Por-tre-coët, c'est-à-dire du pays d'au delà les bois. Elle joua également un grand rôle dans toutes les guerres de Bretagne et passa à une famille célèbre entre toutes dans les annales bretonnes, celle d'Olivier de Clisson. Elle conserve encore son tombeau et celui de sa femme.

Ce fut sous les murs d'Auray, lorsque la première période de la guerre de Cent-Ans était terminée par la paix de Brétigny, que la grave question de la succession de Bretagne fut résolue, en 1364. Une bataille décisive s'y livra entre Jean IV de Montfort et Charles de Blois. Les troupes de ce dernier furent défaites, malgré la vaillance de Du Guesclin. Charles de Blois périt. Du Guesclin, blessé et couvert de sang, se vit obligé de se rendre. Clisson, qui combattait pour Montfort, y perdit un œil, et contribua autant que Chandos à la victoire. Auray ne cessa d'être, à toutes les époques, vivement disputée par les partis contraires. Clisson, passé au service de la France, commandant l'armée de Charles V, y entra en 1377; elle eut encore à soutenir des attaques de la part du duc Jean IV en 1380, des troupes de Charles VIII en 1487.

A Vannes, un château fameux joue aussi un rôle important dans l'histoire de la Bretagne, le *château de l'Hermine*. Le duc Jean IV, qui avait fait construire ce château, y attira son ennemi Olivier de Clisson, pour le lui faire visiter et l'y enferma. Cette trahison indigna toute la Bretagne et la cour de France, où régnait alors Charles VI (1387). Jean IV se vit contraint de relâcher son prisonnier, non sans lui avoir fait payer une énorme rançon.

Sous Charles VII, la contrée de Vannes s'enorgueillit d'Arthur de Richemont (né au château de Sucinio, dans la presqu'île de Rhuis), le soutien de Jeanne d'Arc à Patay, le véritable vainqueur de Formigny, et le principal, sinon le seul organisateur des fameuses compagnies d'ordonnances, notre première armée permanente.

Arthur de Richemont mourut duc de Bretagne en 1458. C'est à Vannes que devrait se dresser la statue de ce dernier de nos trois grands connétables bretons.

Après le moyen âge, après la duchesse Anne, femme de Charles VIII et de Louis XII, après le mariage de sa fille Claude

Vannes

avec François Ier, la Bretagne se rattache à la France, et c'est à
Vannes, en 1532, sous François Ier, que les États demandèrent
et sanctionnèrent la réunion définitive de la province à la
Couronne de France. Les États de Bretagne se réunirent encore
plusieurs fois à Vannes, dans les xvie, xviie et xviiie siècles.
Ce fut à Vannes aussi que mourut, en 1419, un prédicateur
honoré par les habitants comme un apôtre et vénéré ensuite
comme le patron de la ville, saint Vincent Ferrier.

Les guerres de la Ligue eurent leur contre-coup dans le
pays du Morbihan, mais sans amener de faits saillants,
et sous le règne de Louis XIV le département s'enrichit
d'une nouvelle ville qui dut sa fortune au développement de
notre commerce maritime. « Nous avons fait depuis trois
jours, écrivait madame de Sévigné, le 13 août 1689, à madame de Grignan, le plus joli voyage du monde au Port-Louis,
qui est une très-belle place, située comme vous le savez; toujours cette belle pleine mer devant les yeux. Le lendemain
nous allâmes en un lieu qu'on appelle Lorient, à une lieue
dans la mer ; c'est là qu'on reçoit les marchands et les mar-
chandises qui viennent d'Orient. » Lorient commença en effet
par être le port de la Compagnie des Indes, instituée par Col-
bert en 1664. Cette Compagnie, en 1719, à l'époque du
fameux système de Law, se fondit avec la Compagnie d'Occident et développa encore ses opérations. Elle acquit d'immenses terrains sur les rivages du Scorff et du Blavet, établit
des magasins, des chantiers de construction, et bientôt s'éle-
vèrent comme par enchantement de superbes quais, des cales,
des machines à mâter, des ateliers, de vastes magasins d'entre-
pôt, puis à côté de somptueux hôtels, une chapelle, un hôpital,
des casernes. Une ceinture de remparts entoura la ville, qui, en
1738, fut érigée en corps de communauté et obtint le
droit de députer aux États de la province. Le bassin de Lorient contenait en 1745 trente-cinq vaisseaux ou frégates, et
c'est dans ce port que la Bourdonnaye appareilla en 1740 pour
aller faire aux Anglais une guerre heureuse dans les Indes.
Aussi les Anglais en 1756 voulurent-ils détruire Lorient : ils

Lorient.

firent une descente sur la côte, dans la baie du Pouldu, à l'est de Lorient, mais ils échouèrent dans toutes leurs attaques. Malheureusement l'inepte gouvernement de Louis XV laissa les Anglais triompher aux Indes, et la perte de nos belles colonies amena rapidement la décadence de la Compagnie et de son port. La Compagnie languit jusqu'à la fin du xviiie siècle, puis ses magnifiques créations, ses chantiers, ses arsenaux passèrent à l'État. Sous l'Empire, Napoléon, toujours préoccupé de la lutte contre les Anglais, développa encore les bâtiments du port de Lorient et voulut en faire une de nos principales places fortes maritimes. La petite ville de Port-Louis, voisine de Lorient, fut également transformée en port militaire.

La guerre néfaste de Vendée et de Bretagne touchait à sa fin en 1795, lorsqu'une troupe d'émigrés fut débarquée à Quiberon, le 4 juillet 1795. Cette troupe, grossie par des volontaires, se trouva bientôt portée à quinze ou seize mille hommes. Le général Hoche, chargé d'arrêter cette armée, culbuta ses avant-postes et la refoula dans la presqu'île, où elle se vit presque aussitôt enlever, avec le fort Penthièvre, sa dernière chance de salut. Placés entre les canons des républicains et les batteries des vaisseaux anglais qui leur ripostaient, les royalistes périrent en grande partie. Un grand nombre, comptant sur les lois ordinaires de la guerre, se rendirent, ayant parmi eux M. de Sombreuil et l'évêque de Dol, M. René de Hercé. Les prisonniers, conduits à Auray, y furent traduits devant un conseil de guerre, condamnés à mort et, au nombre de 932, fusillés dans un champ que baigne la rivière et auquel on a donné dans le pays le nom de Champ des Martyrs. D'autres prisonniers furent conduits à Vannes et également fusillés. Ces massacres, auxquels Hoche eût voulu s'opposer, furent ordonnés par les représentants de la Convention.

Il faudrait plus de place que celle dont nous disposons pour raconter tous les faits qui se rattachent encore à l'histoire d'un grand nombre de localités du Morbihan : à *Rohan*, dont les vicomtes furent une des grandes familles de Bretagne et dont le nom devint ensuite celui d'un *duché-pairie* (1605) ; à *Guéméné*, baronnie également célèbre ; à *Pontivy*. Pontivy, sur le Blavet, fut une des anciennes villes de la Bretagne, mais elle prit une importance véritable sous Napoléon Ier, dont elle a reçu et quitté tour à tour le nom, suivant les vicissitudes de nos révolutions. Napoléon voulait faire de cette ville, bien située à moitié chemin entre la Vilaine et la rade de Brest, entre Lorient et St-Brieuc, le centre militaire de la Bretagne.

VII. — Personnages célèbres.

Quinzième siècle. — ARTHUR DE BRETAGNE, comte de Richemont et connétable de France, né à Sucinio en 1393.

Dix-huitième siècle. — LE SAGE (ALAIN-RENÉ), né à Sarzeau, auteur de *Gil Blas* (1668-1747).

Dix-neuvième siècle. — BRIZEUX (JULIEN-AUGUSTE-PÉLAGE), 1806-1858, né à Lorient, poète breton et l'un de ceux qui dans notre siècle ont retrouvé l'accent poétique. — BISSON (1795-1827), lieutenant de vaisseau, né à Guéméné. Dans l'expédition de Grèce, il commandait un brick pris sur les Turcs et qui allait être repris : il se fit sauter avec l'équipage plutôt que de se rendre. — ALLEMAND (ZACHARIE-JACQUES-THÉODORE), né à Port-Louis en 1762, chef d'escadron sous la République et l'Empire. — GEORGES CADOUDAL, né en 1769 dans la commune de Brech, près d'Auray, chef vendéen qui malheureusement devint un conspirateur et finit en criminel (1804). — TRUBLET DE VILLEJÉGU, né à Lorient (1747-1829), contre-amiral. — WILLAUMEZ, né au Palais (Belle-Ile), en 1763, vice-amiral, pair de France (1837), mort en 1845. — Le chanoine MAHÉ, archéologue, né à l'île d'Arz. — Le compositeur VICTOR MASSÉ (1822-1884), membre de l'Institut, né à Lorient. — JULES SIMON, né à Lorient en 1814.

VIII.—Population, langues, cultes, instruction publique.

La *population* du Morbihan s'élève, d'après le recensement de 1886, à 535,256 habitants. A ce point de vue, c'est le dix-neuvième département. Le chiffre des habitants divisé par celui des hectares donne environ 79 habitants par 100 hectares ou par kilomètre carré : c'est ce qu'on nomme la *population spécifique*. Sous ce rapport, c'est le 19ᵉ départ. La France entière ayant 73 habitants par kilomètre carré, il en résulte que le département du Morbihan renferme, à surface égale, 6 habitants de plus que l'ensemble de notre pays.

Depuis 1801, date du premier recensement officiel, le Morbihan a gagné 154,011 habitants.

Plus de la moitié de la population du Morbihan parle la langue bretonne, un des idiomes les plus anciens de l'univers. C'est la langue des anciens Celtes, langue pauvre et dure, qui fut pourtant usitée jadis dans une partie de l'Asie et dans tout l'Occident. Dans les arrondissements de Lorient et de Pontivy, son usage est presque général, tandis qu'on ne le trouve que dans trois communes de l'arrondissement de Ploërmel. Il est également répandu dans une moitié de l'arrondissement de Vannes. En résumé le breton est parlé dans 133 communes.

Une ligne tirée du sud-est au nord-ouest, de Belliers, près de l'embouchure de la Vilaine, à Croixanvec, vers la source du Blavet, par Muzillac, Lauzach, Berric, Sulniac, Elven, Monterblanc, Saint-Jean-Brévelay, Sainte-Allouestre, Moréac, Naizin, Kerfourn, Gueltas, Noyal-Pontivy, Saint-Germain et Croixanvec, divise le Morbihan en deux populations, la *bretonne*, à l'ouest, et la *française* ou *Gallos*, à l'est.

Presque tous les habitants du Morbihan sont catholiques ; on n'y compte que 150 protestants et une vingtaine d'israélites.

Le nombre des *naissances* a été, en 1886, de 15,701 (plus 803 mort-nés); celui des *décès*, de 12,191 ; celui des *mariages*, de 4,058.

La *vie moyenne* est de 32 ans deux mois.

Les *lycées* de Pontivy et de Lorient ont compté, en 1884-1885, 788 élèves; les *collèges communaux* de Vannes, Josselin et Auray, 379 ; le *petit séminaire* de Sainte-Anne-d'Auray, 274; le *grand séminaire* de Vannes, 130; 7 *institutions secondaires libres*, 1,568; 594 *écoles primaires*, 63,809; 56 *écoles maternelles*, 5,991 ; 19 *cours d'adultes*, 580.

Le recensement de la classe 1885 a donné les résultats suivants :

Ne sachant ni lire ni écrire.	1,996
Sachant lire seulement.	105
Sachant lire, écrire et compter	2,892
Bacheliers	18
Dont on n'a pu vérifier l'instruction	222
Total de la classe.	5,235

Sur **61** accusés de crime en 1884, on a compté :

Accusés ne sachant ni lire ni écrire.		32
—	sachant lire et écrire	26
—	ayant reçu une instruction supérieure.	3

IX. — Divisions administratives.

Le département du Morbihan forme le diocèse de Vannes (suffragant de Rennes). — Il ressortit : à la 5e et à la 6e subdivision militaire du 11e corps d'armée (Nantes), — à la Cour d'appel de Rennes, à l'Académie de Rennes, — à la 11e légion de gendarmerie (Nantes), — à la 12e inspection des ponts et chaussées, — à la 15e conservation des forêts (Alençon), — à l'arrondissement minéralogique du Mans (division du Nord-Ouest), — à la 2e région agricole (Ouest). — Il comprend 4 arrondissements (Lorient, Ploërmel, Pontivy, Vannes), 37 cantons, 250 communes.

Chef-lieu du département : VANNES.

Chefs-lieux d'arrondissement : LORIENT, PLOËRMEL, PONTIVY, VANNES.

Arrondissement de Lorient (11 cant., 52 comm., 187,995 hab., 147,295 hect.).

Canton d'Auray (6 comm., 17,805 hab., 15,099 hect.). — Auray — Crach — Locmariaquer — Plougoumelen — Plumergat — Pluneret.

Canton de Belz (5 com., 10,549 hab., 16,002 hect.). — Belz — Erdeven — Étel — Locoal-Mendon — Plœmel.

Canton d'Hennebont (4 comm., 17,019 hab., 17,423 hect.). — Branderion — Hennebont — Inzinzac — Languidic.

1er *canton de Lorient* (1 comm., 23,809 hab., 595 hect.). — Lorient intra muros).

2e *canton de Lorient* (2 comm., 28,091 hab., 5,778 hect.). — Lorient (extra muros) — Plœmeur.

Canton du Palais ou *de Belle-Ile* (4 comm., 10,219 hab., 8,760 hect.). — Bangor — Locmaria — Palais (Le) — Port-Philippe ou Sauzon.

Canton de Plouay (6 comm., 15,086 hab., 26,140 hect.). — Bubry — Calan — Inguiniel — Lanvaudan — Plouay — Quistinic.

Canton de Pluvigner (5 comm., 12,235 hab., 20,392 hect.). — Brech — Camors — Landaul — Landévant — Pluvigner.

Canton de Pontscorff (6 comm., 18,493 hab., 19,756 hect.). — Caudan — Cléguer — Gestel — Guidel — Pontscorff — Quéven.

Canton de Port-Louis (9 comm., 24,335 hab., 15,085 hect.). — Gâvres — Groix — Kervignac — Merlevenez — Nostang — Plouhinec — Port-Louis — Riantec — Sainte-Hélène.

Canton de Quiberon (5 comm., 10,354 hab., 7,375 hect.). — Carnac — Plouharnel — Quiberon — Saint-Pierre — Trinité-sur-Mer (La).

Arrondissement de Ploërmel (8 cant., 66 comm., 94,783 hab., 162,940 hect.).

Canton de Guer (6 comm., 9,444 hab., 16,659 hect.). — Augan — Beignon — Guer — Monteneuf — Porcaro — Saint-Malo-de-Beignon.

Canton de Josselin (11 comm., 15,187 hab., 25,044 hect.). — Cruguel — Forges (Les) — Guégon — Guillac — Helléan — Josselin — La Croix-Helléan — La Grée-Saint-Laurent — Lanouée — Quily — Saint-Servant.

Canton de la Trinité-Porhoët (6 comm., 10,706 hab., 17,553 hect.). — Évriguet — Guilliers — Ménéac — Mohon — Saint-Malo-des-Trois-Fontaines — Trinité-Porhoët (La).

Canton de Malestroit (14 comm., 15,411 hab., 26,756 hect.). — Caro — Chapelle (La) — Lizio — Malestroit — Missiriac — Monterrein — Réminiac — Roc-Saint-André — Ruffiac — Saint-Abraham — Saint-Guyomard — Saint-Marcel — Saint-Nicolas-du-Tertre — Sérent.

Canton de Mauron (7 comm., 9,292 hab., 14,988 hect.). — Brignac — Concoret — Mauron — Néant — Saint-Brieuc-de-Mauron — Saint-Léry — Tréhorenteuc.

Canton de Ploërmel (6 comm., 12,799 hab., 18,873 hect.). — Campénéac — Gourhel — Loyat — Montertelot — Ploërmel — Taupont.

Canton de Rohan (9 comm., 10,718 hab., 20,469 hect.). — Bréhan-Loudéac — Crédin — Lantillac — Pleugriffet — Radenac — Réguiny — Rohan — Saint-Gouvry — Saint-Samson.

Canton de Saint-Jean-Brévelay (7 comm., 11,226 hab., 22,618 hect.). — Bignan — Billio — Buléon — Guéhenno — Plumelec — Saint-Allouestre — Saint-Jean-Brévelay.

Arrondissement de Pontivy (7 cant., 51 comm., 109,446 hab., 173,500 hect.).

Canton de Baud (6 comm., 17,354 hab., 22,935 hect.). — Baud — Bieuzy — Guénin — Melrand — Pluméliau — Saint-Barthélemy.

Canton de Cléguérec (8 comm., 13,123 hab., 27,359 hect.). —Cléguérec — Kergrist — Malguénac — Neulliac —Saint-Aignan — Sainte-Brigitte — Séglien — Silfiac.

Canton du Faouët (6 comm., 15,476 hab., 26,825 hect.). — Berné — Faouët (Le) — Guiscriff — Lanvénégen — Meslan — Priziac.

Canton de Gourin (5 comm., 12,959 hab., 25,540 hect.). — Gourin — Langonnet — Plouray — Roudouallec — Saint (Le).

Canton de Guéméné (8 comm., 14,189 hab., 24,437 hect.). — Guéméné — Langoëlan — Lignol — Locmalo — Persquen — Ploërdut — Saint-Caradec-Trégomel — Saint-Tugdual.

Canton de Locminé (8 comm., 14,461 hab., 23,185 hect.). —Chapelle-Neuve (La) — Locminé — Moréac — Moustoirac — Moustoir-Remungol — Naizin — Plumelin — Remungol.

Canton de Pontivy (10 comm., 21,904 hab., 23,299 hect.). — Croixanvec — Gueltas — Guern — Kerfourn — Noyal-Pontivy — Pontivy — Saint-Gérand — Saint-Gonnery — Saint-Thuriau — Sourn (Le).

Arrondissement de Vannes (11 cant., 81 comm., 143,034 hab., 195,770 hect.).

Canton d'Allaire (9 comm., 13,059 hab., 18,701 hect.). — Allaire — Béganne — Peillac — Rieux — Saint-Gorgon — Saint-Jacut — Saint-Jean-la-Poterie — Saint-Perreux — Saint-Vincent.

Canton d'Elven (7 comm., 9,830 hab., 18,786 hect.). — Elven — Monterblanc — Saint-Nolf — Sulniac — Trédion — Treffléan — Vraic-Croix.

Canton de la Gacilly (9 comm., 12,170 hab., 18,780 hect.). — Carentoir — Chapelle-Gaceline (La) — Cournon — Fougerêts (Les) — Gacilly (La) — Glénac — Quelneuc — Saint-Martin — Tréal.

Canton de Grand-Champ (7 comm., 9,848 hab., 22,031 hect.). — Brandivy — Colpo — Grand-Champ — Locqueltas — Meucon — Plaudren — Plescop.

Canton de Muzillac (7 comm., 10,731 hab., 17,327 hect.). — Ambon — Arzal — Billiers — Damgan — Guerno (Le) — Muzillac — Noyal-Muzillac.

Canton de Questembert (8 comm., 12,682 hab., 24,041 hect.). — Berric — Bohal — Larré — Lauzach — Molac — Péaule — Pleucadeuc — Questembert.

Canton de la Roche-Bernard (8 comm., 14,197 hab., 21,680 hect.).— Camoël — Férel — Marzan — Nivillac — Pénestin — Roche-Bernard (La) — Saint-Dolay — Théhillac.

Canton de Rochefort (8 comm., 11,026 hab., 17,767 hect.). — Caden — Limerzel — Malansac — Pluherlin — Rochefort — Saint-Congard — Saint-Gravé — Saint-Laurent.

Canton de Sarzeau (5 comm., 10,331 hab., 10,063 hect.). — Arzon — Saint-Armel — Saint-Gildas — Sarzeau — Tour-du-Parc (Le)

Canton de Vannes (Est) (8 comm., 22,431 hab., 19,399 hect.). — Hézo (Le) — Noyalo — Saint-Avé — Séné — Surzur — Theix — Trinité-Surzur (La) — Vannes (Est).

Canton de Vannes (Ouest) (6 comm., 16,729 hab., 7,195 hect.). — Arradon — Baden — Ile aux Moines (L') — Ile d'Arz (L') — Plœren — Vannes.

X. — Agriculture.

Sur les 709,300 hectares du département, on compte :

Terres labourables.	247,000 hectares.
Prés.	64,000
Vignes.	1,000
Bois.	46,000
Landes.	293,000

En 1886, on comptait dans le département 43,500 chevaux, 123 ânes, 17 mulets, 350,089 animaux de la race bovine, 65,419 moutons, 58,257 porcs, 5,493 chèvres. On estime surtout les moutons de Guer, les veaux de Baden et les chevaux de Belle-Ile-en-Mer. 38,500 ruches ont donné en 1886 154,000 kilogrammes d'excellent miel et 115,500 kilogr. de cire.

Près d'une moitié du territoire est occupée par les *landes*, les bruyères, les bois, les étangs et les marais. La plus vaste des landes est celle de Lanvaux, plaine sans arbres, couverte de rocs brisés où l'on ne rencontre çà et là que des marais et des fondrières.

Le Morbihan a produit en 1886, 597,000 hectolitres de froment, 12,950 de méteil, 1,074,080 de seigle, 27,684 d'orge, 768,170 de sarrasin, 45,000 de millet, 500,170 d'avoine, 866,500 quintaux de pommes de terre, 407,400 de betteraves fourragères, 55,400 de trèfle, 8,125 de luzerne, 5,711,210 de foin, 16,120 de chanvre (filasse; 9,672 de graine), 1,560 de lin (filasse; 850 de graine), 25,560 hectol. de vin, 7,032 quint. de châtaignes, 1,584,780 de pommes à cidre, 5,489,349 hectol. de cidre.

Les plaines les plus fertiles en *céréales*, en sarrasin, millet, lentilles, chanvre, lin, seigle, avoine, pommes de terre, sont dans le voisinage de l'Océan. Le *lin* et le *chanvre* sont cultivés surtout dans les arrondissements de Ploërmel et de Vannes : ce dernier possède aussi environ 600 hectares de vignes produisant un vin plus que médiocre. La boisson en usage dans le pays est le *cidre*, fabriqué avec les fruits des innombrables pommiers et poiriers qui prospèrent surtout dans les arrondissements de Lorient, de Vannes et de Ploërmel ; les cidres les plus appréciés sont ceux de Missiriac, de Pleugriffet, etc. Les châtaignes et les prairies naturelles forment aussi une des ressources agricoles du Morbihan.

La partie la plus productive du département est la région environnant le golfe du Morbihan. La presqu'île de Rhuis, fertilisée, comme toute la côte, par le varech et le goëmon, est célèbre par la douceur de son climat. Ses côtes, jadis couvertes de forêts, le sont maintenant de vignes, de champs produisant le meilleur blé de la Bretagne, de jardins où croissent, tant le climat de la presqu'île est doux et égal, le laurier-rose, le magnolia, le grenadier, le myrte, le camélia, l'aloès; les figuiers y atteignent la hauteur des grands arbres, et les chênes verts des proportions considérables. La même prospérité règne à Belle-Ile-en-Mer, située au sud-ouest du Morbihan : le figuier et le mûrier y prospèrent, et de belles prairies tapissent le fond de jolis vallons bien arrosés.

Essentiellement agricole, le Morbihan pourrait doubler sa richesse foncière par la mise en culture de ses landes désolées ou par leur boisement. Déjà quelques tentatives ont été faites, mais elles sont insuffisantes. Parmi les établissements agricoles il faut citer les domaines de la Bergerie, de Korn-er-Hoët et de la Croix-des-Bois (commune de Colpo), créés par la princesse Bacciochi ; celui de *Bruté*, près du Palais, à Belle-Ile, fondé par M. Trochu ; la *ferme-école du Grand-Resto*, près de Pontivy ; la colonie agricole pénitentiaire de Langonnet. Il existe un dépôt d'étalons à Hennebont.

Les principales *forêts* du département sont celles de Lanouée (3,500 hectares), de Camors (1,138 hectares), de Pontcallec (500), de Lanvaux (252), de Quénecan, de Conveau, de Trédion, de Molac, etc. Les essences qui y dominent sont le chêne, le hêtre et le pin. Le loup, le renard, le sanglier, le cerf, le chevreuil y sont communs. On trouve une riche variété de genêts, de bruyères et d'ajoncs dans les landes, et de plantes marines sur le littoral.

XI. — Industrie.

L'industrie est peu développée dans le département. Il s'exploite : des carrières d'*ardoises* à Ploërmel, Rochefort-en-Terre, Saint-Perreux, Saint-Jacob (commune de Glenac), Malansac et Gourin ; des carrières de *kaolin*, à la Chapelle-ès-Bruyères (commune de Guégon) ; du *minerai de fer* (5 minières, 40 à 50 ouvriers, 22,000 quintaux métriques par an), à Gourin et dans quelques autres communes. Mais l'exploitation minérale la plus importante est celle des *marais salants* (100 à 120 hectares), occupant environ 400 ouvriers, qui retirent par an environ 450 tonnes de sel. Les principaux marais sont ceux de Sarzeau, Séné et Saint-Armel. — On trouve aussi sur le territoire l'étain, le granit, le cristal de roche, le quartz, le grès quartzeux, la terre à poterie, etc.

Il existe plusieurs *sources minérales* (inexploitées), à Hennebont, à Loyat près de Ploërmel, et à Pargo près de Vannes.

L'établissement industriel le plus considérable du Morbihan est l'**arsenal de Lorient**, destiné à la construction et à l'armement des bâtiments de guerre. Cet arsenal comprend : des ateliers de tonnellerie, d'avironnerie, de peinture, de pavillonnerie; un atelier des mécanismes, chargé de la confection et du montage des mécanismes destinés aux projectiles creux de toute espèce; cet atelier, d'une grande importance, est le seul que possède la marine française. La poulierie, l'atelier des sculptures, l'atelier des modèles, la petite scierie et la menuiserie ont toutes leurs machines-outils mises en mouvement par deux machines à vapeur de 20 chevaux chacune. La corderie renferme une curieuse machine à confectionner les drisses de pavillon, inventée en 1834 par M. Reech, directeur des constructions navales. Les ateliers à métaux, ou ateliers des machines, comprennent : au centre, l'atelier d'ajustage; à l'ouest, la fonderie (6 cubilots, un grand four à réverbère, 6 grues dont 2 pouvant soulever un poids de 20,000 kilogrammes); à l'est, un pavillon dont le premier étage est occupé par la serrurerie; enfin, derrière ces premiers ateliers, les forges, dont le bâtiment principal mesure 150 mètres de longueur sur 17 mètres de largeur (marteau-pilon de 3,200 kilogrammes). L'atelier des forges, dont dépendent aussi trois annexes établies près de la machine à mâter, près de l'atelier de zingage et du côté de Caudan, comprend en tout 84 feux grands ou petits. Sur le quai, à l'est des forges, s'élève la machine à mâter. A l'ouest du bassin n° 2, on remarque les ateliers de chaudronnerie. Plus au nord, sur le terrain de la Préo-aux-Vases, ont été établis la mâture, l'atelier des chaloupes et canots et la grande scierie à vapeur, qui renferme neuf machines à débiter, mises en mouvement par deux machines à vapeur locomobiles (système Calla), de la force de 25 chevaux chacune. Les pièces de bois, amenées dans des fosses au pied du plateau qui porte l'atelier, sont montées à l'entrée de la scierie par quatre grues roulant sur de petits chemins de fer; puis elles sont amenées sous les scies au moyen de cabestans mécaniques en fonte de fer. A la scierie sont annexés des hangars pour la conservation des bois exotiques et des bordages. Une passerelle relie la Préo-aux-Vases aux chantiers de Caudan, situés sur la presqu'île formée par le confluent du Scorff et du Blavet. Ces chantiers embrassent une surface de 157,000 mètres carrés et comptent neuf cales de construction pour vaisseaux et frégates et deux autres cales pour les bâtiments de rang inférieur. Aux chantiers sont joints des forges (28 feux) et des ateliers pour la construction des bâtiments en fer.

La ville de Lorient possède d'autres établissements privés, de métallurgie : atelier de construction de machines à vapeur, fonderies, forges, presses hydrauliques, etc. D'autres *forges* fort importantes sont celles de Lanvaux et de Lanouée. Parmi les autres établissements métallurgiques du département, il faut citer les forges de Kerglaw-et-Lochrist en Inzinzac (tôle, fers-blancs), connues sous le nom de forges d'Hennebont et qui occupent 600 ouvriers, de Languidic, Pluvigner (ces diverses usines ont produit ensemble, en 1886, 5425 tonnes de tôle d'acier et 2389 tonnes de tôles de fer). Nous citerons enfin la fabrique de pompes de Vannes ; les fabriques de charrues de la Roche-Bernard et de Malestroit ; les clouteries de Josselin ; la fabrique de boîtes à sardines d'Hennebont, etc.

Des chantiers pour la construction et le radoub des navires sont établis à Lorient, Auray, Caudan, Étel, Hennebont, la Trinité-sur-Mer, au Palais, à Vannes.

Mais les deux genres d'industrie principaux des habitants du littoral sont la pêche et l'ostréiculture. La *sardine* abonde surtout dans les parages de Belle-Ile, où il s'en prend chaque année 200,000 milliers, dont une partie est salée et expédiée ; le reste est consommé « en vert » dans le pays. De nombreux ateliers de conserves de sardines ont été établis à Belle-Ile, au Palais, à Étel, dans la presqu'île de Gâvres, à Kernevel, Larmor, Locqueltas, Lomener, Port-Louis, Port-Philippe, Quiberon, Riantec, Toulhar, etc. Lorient fabrique spécialement pour cette industrie une quantité considérable de boîtes en fer-blanc. Le Palais prépare aussi du thon et des anchois à l'huile. — Après la pêche de la sardine viennent celles du homard et du thon, qui sont aussi très productives ; celles des anchois, des turbots, de la sole, du maquereau, des crevettes, des crabes, des moules, etc. La plupart des homards expédiés à Paris et en Angleterre sont pêchés dans les parages de Belle-Ile, de Houat, de Hœdic et de Groix.

Il existe des *parcs d'huîtres* à Locmariaquer, Auray, Belz, Locoal-Mendon, Saint-Armel, Arradon, Crach, à Kercado en Carnac et à la Trinité-sur-Mer : ces deux derniers, occupant 60 hectares, produisent annuellement 12 millions d'huîtres. Un des établissements les plus complets d'ostréiculture du Morbihan est celui que M. E. Charles a créé à la Pointe de Kéroman, près de Lorient : il comprend de vastes parcs et sept viviers, d'où sortent chaque année dix millions d'huîtres connues sous le nom d'huîtres armoricaines.

Les autres établissements industriels du département sont : un tissage de coton, à Vannes ; des fabriques de toiles, à Vannes, Malestroit et Pontscorff (32 métiers à bras) ; de draps, à Vannes, Malestroit, Questembert ; de bonneterie, de passementerie et d'étoupes, à Lorient ; de rubans de fil. tresses et lacets, à Pontscorff ; des brasseries, à Josselin, Lorient, Pontivy, Pontscorff, Quéven et Vannes ; une fabrique de chocolat, à Vannes ; des corroieries, à Guer, Lorient, Malestroit, Questembert, Vannes, etc.; des chamoiseries à Vannes ; des tanneries, à Guémené, Vannes, Muzillac, Questembert, la Roche-Bernard, Rochefort-en-Terre, Lorient, Auray, Hennebont, Pontscorff, Josselin, Malestroit, la Trinité-Porhoët, Pontivy et Locminé ; des imprimeries, à Lorient, Ploërmel, Pontivy, Saint-Armel et Vannes ; des minoteries, à la Gacilly, Lorient, Muzillac, Malestroit, Guernalo (commune de Pontivy), Pontivy, Sarzeau et Vannes ; des fabriques de produits chimiques, à Vannes et Quiberon (extraits des varechs, iode, iodure, sels de potasse et de soude), Josselin et Pontivy (noir animal); de poterie commune, à Hennebont, Malansac et à Saint-Jean-la-Poterie; de vannerie, à Lorient et à Vannes ; les papeteries de Pontivy, Saint-Rivalain (commune de Melrand), Priziac, Caradec (commune de Josselin); des fabriques de conserves alimentaires, à Lorient, Étel, et en général sur toute la côte; des scieries, à Auray, Hennebont, Plouay et Pontivy; des cireries, à Hennebont et dans plusieurs autres localités; des distilleries, à Lochrist et à Kérentrech, etc. Enfin, il se confectionne à Pontscorff de petits pains de seigle (*miches de Pontscorff*), très estimés à Lorient.

XII. — Commerce, chemins de fer, routes.

Le principal commerce d'*exportation* consiste dans les produits de la pêche : le commerce du poisson frais et des sardines à l'huile donne lieu à un mouvement d'affaires de 35 millions de francs dans le seul arrondissement de Lorient. Le département exporte, en outre, des céréales, des farines, des bestiaux, des grains, des châtaignes, des cuirs, du vin, du sel, du froment, du seigle, du miel, de l'avoine, du lin, du chanvre, des cordages, des toiles, du beurre, des huîtres dites armoricaines, des bois, des ardoises, etc.

Le Morbihan *importe* des eaux-de-vie, du vin, de la résine, du goudron, des denrées coloniales, des articles d'épicerie, de modes, de librairie, d'ameublement, des nouveautés, du sucre, des liqueurs, de la verrerie, des comestibles, et environ 245,000 quintaux métriques de houille, provenant des bassins houillers de Valenciennes (Nord), de la Loire, de Commentry (Allier) et d'Angleterre.

Le département du Morbihan est traversé par 4 chemins de fer, d'un développement total de 273 kilomètres et demi.

1° Le chemin de fer *de Nantes à Brest* passe du département d'Ille-et-Vilaine dans celui du Morbihan, à 1,500 mètres de la gare de Redon. Il dessert les stations de Saint-Jacut, Malansac, Questembert, Elven, Vannes et Saint-Anne, franchit la rivière du Loch sur un viaduc de 10 arches ayant une longueur totale de 206 mètres, passe à Auray et à Landévant, puis traverse le Blavet sur un viaduc monumental (222 mètres de longueur, 5 arches de 22 mètres d'ouverture, 2 arches de 10 mètres d'ouverture, 25 mètres de hauteur). Au delà d'Hennebont, la ligne passe sur le beau pont du Scorff, long de 358 mètres, composé d'une arche en maçonnerie de 10 mètres d'ouverture, de 3 travées en tôle de 53, 67 et 53 mètres de portée, reposant sur des piles en maçonnerie de 2 mètres 50 d'épaisseur, fondées dans des caissons métalliques appuyés sur le rocher, à 11 mètres en contre-bas du niveau moyen de la mer; de 7 arches en maçonnerie de 10 mètres chacune, et de 2 travées métalliques de même ouverture. Quand il a dépassé les gares de Lorient et de Gestel, le chemin de fer quitte le département du Morbihan pour entrer dans celui du Finistère, après un parcours de 119 kilomètres et demi.

2° Le chemin de fer *d'Auray à Saint-Brieuc* a pour stations Pluvigner, Baud, Saint-Nicolas, Pontivy. Au delà de Saint-Gérand, il entre dans les Côtes-du-Nord. Parcours, 69 kilomètres.

3° Le chemin de fer *d'Auray à Quiberon* (28 kil.) dessert Plœmel, Plouharnel-Carnac, Saint-Pierre et Quiberon.

4° Le chemin de fer *de Questembert à la Brohinière*, qui a un développement de 57 kilomètres, a pour stations Pleucadeuc, Malestroit, Roc-Saint-André, Ploërmel, Loyat, Néant et Mauron. Au delà il entre dans le départ. d'Ille-et-Vilaine.

Les voies de communication comptent 5,570 kilomètres, savoir :

4 chemins de fer.	273 kil.1/2
Routes nationales.	579
Routes départementales.	299
Chemins vicinaux de grande communication . . .	1,114
— d'intérêt commun.	1,280
— ordinaires.	1,711
7 rivières navigables.	122 1/2
2 canaux	191

XIII. — Dictionnaire des communes.

Les chiffres de la population sont ceux du dernier recensement (1886).

Abraham (Saint-), 388 h., c. de Malestroit. ⟶ Grotte aux Fées. — Tumulus.

Aignan (Saint-), 1,240 h., c. de Cléguérec.

Allaire, 2,575 h., ch.-l. de c., arr. de Vannes. ⟶ Nombreux débris de monuments mégalithiques.

Allouestre (Saint-), 995 h., c. de Saint-Jean-Brévelay. ⟶ Monuments mégalithiques.

Ambon, 1,662 h., c. de Muzillac. ⟶ Deux dolmens et trois tombelles. — Église du XIIᵉ s. — Restes du château de Trémelgon.

Anne-d'Auray (Ste-), V. Pluneret.

Armel (Saint-), 531 h., c. de Sarzeau.

Arradon, 1,819 h., c. de Vannes (Ouest). ⟶ Dolmens.

Arzal, 1,281 h., c. de Muzillac. ⟶ Camp présumé romain.

Arzon, 2,241 h., c. de Sarzeau. ⟶ Arzon possède de nombreux monuments mégalithiques. Butte de Tumiac, une des plus grandes tombelles connues, haute de 20 mèt. (500 mèt. de circonférence). Elle recouvre une grotte où ont été découverts (1853) des sculptures bizarres, des inscriptions indéchiffrables et de nombreux objets de l'époque celtique et antéceltique.

Augan, 1,929 h., c. de Guer.

Auray, 6,592 h., ch.-l. de c. de l'arr. de Lorient, port sur le Loch. ⟶ Églises Saint-Goustan (Renaissance) et du Saint-Esprit (XIIIᵉ s.), convertie en caserne. — Chapelle du Père-Éternel: riches stalles sculptées. — Maisons sculptées (XVᵉ et XVIᵉ s.). — Belle promenade du Loch.

Avé (Saint-), 2,236 h., c. de Vannes (Est). ⟶ Chapelle Notre-Dame; curieuses sculptures sur bois; retable du XVᵉ s. — Calvaire sculpté et fontaine monumentale dans le cimetière. — Enceinte elliptique de murs en pierres brutes, haute de 2 mèt., camp romain ou enceinte mégalithique.

Baden, 2,775 h., c. de Vannes (Ouest). ⟶ Dolmens de Graffel et de Toulvern. — Double cromlech d'Er-Lanick (mon. hist.). — Galgal très célèbre (mon. hist.) de l'île de Gavr'inis, dont les pierres présentent des sculptures rudimentaires que l'on a prises longtemps pour des inscriptions. Il a été fait des moulages de ces pierres pour le musée celtique de Saint-Germain-en-Laye, où l'on voit en outre un grand modèle en relief du tumulus tout entier. Dans la ferme de l'île, curieux crucifix en cuivre du XIIᵉ s.

Bangor, 1,615 h., c. du Palais. ⟶ Église à nef romane et chœur gothique. — Phare de Belle-Ile (84 mèt. d'altitude), tour en beau granit. — Grotte du Port-Coton.

Barthélemy (Saint-), 1,700 h., c. de Baud. ⟶ Chapelle St-Adrien, ayant, dit-on, appartenu aux Templiers et dans laquelle jaillissent deux fontaines.

Baud, 4,646 h., ch.-l. de c. de l'arrond. de Pontivy. ⟶ Dans la cour du château ruiné de Quinipily, grossière statue en pierre, haute de 2 mèt., d'origine inconnue, représentant une femme et appelée Vénus de Quinipily. — Chapelle de Notre-Dame de la Clarté (restes de vitraux; fragments de devises gothiques, restes d'un jubé en bois), but de pèlerinage. — Couvent des Templiers, transformé en ferme. — Staurotides à Coligné.

Béganne, 1,957 h., c. d'Allaire. ⟶ Château fort de l'Étier.

Beignon, 1,591 h., c. de Guer. ⟶ Dans l'église (1539), vitraux de 1516; sculptures du chœur, belles boiseries.

Belle-Ile-en-Mer, V. le Palais.

Belz, 2,678 h., ch.-l. de c. de l'arrond. de Lorient. ⟶ Dolmens, menhirs, grottes préhistoriques, tombelles. — Dans l'île de Briec, ruines du moyen âge. — A Saint-Cado, chapelle romane.

Berné, 1,886 h., c. du Faouet. ⟶ Près du hameau de Zinzec, restes d'un camp. — Menhir de Kervilio. — Château de Pont-Callec, dont le seigneur fut décapité comme complice de la conspiration de Cellamare (1720).

Berric, 1,167 h., c. de Questembert.

Bieuzy, 1,556 h., c. de Baud. ⟶ Camp romain de la Garde, où fut trouvée la statue de Quinipily (*V.* Baud). — Beau dolmen à Cohslodic; remarquable peulvan près du Blavet. — Nef très ancienne (XIᵉ s.) de l'église; très beaux vitraux, représentant la Passion. — Rochers avec grotte masquée par une chapelle. — Pierre Sonnante, rocher naturel. — Ruines des châteaux de Rimaison (style de la Renaissance) et de Kerven.

Bignan, 2,699 h., c. de Saint-Jean-Brévelay. ⟶ Château et domaine de Korner C'hout. — Tombelle.

Billiers, 875 h., c. de Muzillac. ⟶ Dans l'église, Christ en ivoire.

Billio, 580 h., c. de Saint-Jean-Brévelay. ⟶ Retranchements.

Bohal, 413 h., c. de Questembert. ⟶ Monuments mégalithiques.

Branderion, 581 h., c. d'Hennebont. ⟶ Dolmen bien conservé.

Brandivy, 1,098 h., c. de Grand-Champ. ⟶ Dans l'église de Saint-Aubin, stalles sculptées du XVIIIᵉ s.

Brech, 2,241 h., c. de Pluvigner. ⟶ Ancienne chartreuse d'Auray, convertie en institut de sourds-muets. Tombeau des soldats massacrés après le désastre de Quiberon; copies des tableaux de Lesueur, représentant la vie de saint Bruno; boiseries remarquables. — Au Champ des Martyrs, chapelle expiatoire, élevée en l'honneur des victimes de la bataille de Quiberon. — Pierre branlante.

Bréhan-Loudéac, 2,559 h., c. de Rohan.

Brieuc-de-Mauron (Saint-), 920 h., c. de Mauron.

Brigitte (Sainte-), 675 h., c. de Cléguérec.

Brignac, 652 h., c. de Mauron.

Bubry, 3,783 h., c. de Plouay. ⟶ Tumulus haut de 40 mèt. — Ossuaire.

Buléon, 557 h., c. de Saint-Jean-Brévelay.

Caden, 2,460 h., c. de Rochefort.

Calan, 653 h., c. de Plouay.

Camoël, 706 h., c. de la Roche-Bernard.

Camors, 2,584 h., c. de Pluvigner. ⟶ Restes du château de Comorre, comte de Poher au VIᵉ s., célèbre par sa tyrannie.

Campénéac, 2,177 h., c. de Ploërmel. ⟶ Château de Trécesson; belle salle dite du Châtelain.

Caradec-Trégomel (Saint-), 1,492 h., c. de Guéméné. ⟶ Chapelle de Kernascleden (mon. hist.), un des plus gracieux monuments du XVᵉ s. en Bretagne; porches sculptés; flèches aux galeries flamboyantes, fresques élégantes.

Carentoir, 3,981 h., c. de la Gacilly. ⟶ Au Temple, dans l'église Saint-Jean-Baptiste, statue en chêne d'un chevalier de Saint-Jean. — Église Saint-Marcou (parties romanes).

Carnac, 2,851 h., c. de Quiberon. ⟶ Ce bourg est célèbre par ses avenues de *pierres levées* ou *alignements* (mon. hist.), divisées en 3 groupes : celui du Ménec (874 menhirs), celui de Kermario (855 menhirs, dont 400 ont été acquis par l'État); et celui de Kerlescan, le moins important. — Château et beau tumulus de Kercado. — Au S. des Alignements, tumulus ou galgal (mon. hist.) appelé le Mont-Saint-Michel (44 mèt. d'altit., 20 mèt. de haut. absolue) et qui porte à son sommet (belle vue) une *chapelle de Saint-Michel.—Église* de 1639; au porche N., remarquable baldaquin en pierre; fresques, riches retables de la Renaissance, chaire en fer forgé (XVIIIᵉ s.). — *Musée Miln* (haches, silex, polissoirs, vases cinéraires, etc.), créé par l'archéologue anglais de ce nom. — Fontaine monumentale de Saint-Cornély. — A 1 kil. E., les Bossenno, buttes où ont été découverts les restes d'un établissement gallo-romain — Tumulus du Moustoir (mon. hist.) — Dolmen de Rogarte.

Caro, 1,612 h., c. de Malestroit. ⟶ Au cimetière, belle croix sur une borne milliaire. — Sur le chemin de Caro à Saint-Yves, autres croix sculptées. — Menhir. — Allée couverte de 13 mèt.

Caudan, 7,279 h., c. de Pontscorff. ⟶ Chapelle de Vérité (pèlerinage).

Chapelle-Gacelin (La), 755 h., c. de la Gacilly.

Chapelle-Neuve (La), 1,157 h., c. de Locminé. ➻ Menhir. — Église du XVIᵉ s.

Chapelle-sous-Ploërmel (La), 911 h., c. de Malestroit. ➻ Dans l'église, ancienne croix processionnelle, en bois plaquée d'argent avec figurines. — Ruines du château de Crévy (2 tours rondes). — A la Ville-au-Voyer, Maison-Trouée, l'un des beaux dolmens de la Bretagne, entouré d'une enceinte circulaire de pierres levées. — Plusieurs peulvens ou menhirs, sur la lande de Saint-Méen.

Cléguer, 2,268 h., c. de Pontscorff.

Cléguérec, 3,586 h., ch.-l. de c., arrond. de Pontivy. ➻ Monuments mégalithiques. — Église, nef très ancienne. — Dans la chapelle Saint-Morvan, curieux tombeau du saint. — A la chapelle Saint-Jean, anciens vitraux bien conservés. — Château de Beauregard. — Nombreux monuments mégalithiques dans la lande de Kimard et à Larcuste. — Dolmen long de 5 mèt. à Kerjagu.

Colpo, 1,106 h., c. de Grand-Champ.

Concoret, 1,143 h., c. de Mauron. ➻ Beau château féodal de Comper (XVᵉ s.), flanqué de 4 tours, démantelé en 1598, restauré en 1867 par M. Charette. — Chapelle du XVᵉ s. — Près du château du Ros, ruines d'un monastère.

Congard (Saint-), 828 h., c. de Rochefort. ➻ Roches-aux-Fées, monuments mégalithiques. — Dolmen et menhir. — Ruines d'un couvent de Camaldules.

Cournon, 564 h., c. de la Gacilly. ➻ Monument mégalithique dit la Tablette de Cournon. — Menhir.

Crach, 1,938 h., c. d'Auray. ➻ Monuments mégalithiques. — Chapelle St-André; curieux cercueil en pierre. — Ancien château de Plessis-Kaër.

Crédin, 1,781 h., c. de Rohan. ➻ Église : cloche du XVIᵉ s., et bénitier assez curieux.

Croix-Helléan (La), 817 h., c. de Josselin. ➻ Dans l'église, reconstruite en 1690, 2 tombes en granit, avec les statues du sieur de Brontay et de sa femme. — Chapelle Saint-Mandé

(but de pèlerinage), élevée, dit-on, à l'endroit où furent enterrés les Bretons morts au combat des Trente (1351).

Croixanvec, 570 h., c. de Pontivy.

Cruguel, 991 h., c. de Josselin. ➻ Château et chapelle des Timbrieux (1735).

Damgan, 1,325 h., c. de Muzillac.

Dolay (Saint-), 2,851 h., c. de la Roche-Bernard.

Elven, 3,376 h., ch.-l. de c., arrond. de Vannes, près de la rive dr. de l'Arz. ➻ *Église* reconstruite en 1873 dans le style du chœur (XVIᵉ s.), entouré d'une galerie ; ossuaire. — A 2 kil. S.-E., ruines de la forteresse de Largouët (mon. hist.), connues sous le nom de *tours d'Elven* (XVᵉ s.), dont la plus élevée a 40 mèt. — Ruines du manoir de Kerléau (Renaissance), qui fut habité par Descartes. — Château de Kerfily (fin du XVIIᵉ s.). — A 4 k. à l'E., ruines de la villa gallo-romaine de Saint-Christophe.

Erdeven, 2,329 h., c. de Belz. ➻ 1030 menhirs (mon. hist.). — Dolmens du Mané-Bras. — Pierre branlante. — Château de Kéravan, du XVIIᵉ s. — Menhirs de Kérangré et de Saint-Germain. — Dolmens.

Étel, 1,995 h., c. de Belz, port de pêche à l'embouchure de la rivière d'Étel. ➻ Nombreux dolmens et menhirs.

Évriguet, 317 h., c. de la Trinité.

Faouët (Le), 3,258 h., ch.-l. de c. de l'arrond. de Pontivy. ➻ Église paroissiale : nef du XIIIᵉ s., chœur du XVIᵉ s. — Célèbre chapelle de Saint-Fiacre (XVᵉ s.; mon. hist.); vitraux bien conservés et splendide jubé sculpté à jour. — Chapelle Sainte-Barbe, du XVᵉ s. (vitraux et statues), dominant l'Ellé.

Férel, 1,944 h., c. de la Roche-Bernard. ➻ Dans l'église, vitraux admirables et fresques du XVIᵉ s.

Forges (Les), 912 h., c. de Josselin.

Fougerêts (Les), 1,079 h., c. de la Gacilly. ➻ Gorge de rochers renfermant une suite de petites gorges dites *Chambres du coucou*.

Gacilly (La), 1,622 h., ch.-l. de c., arrond. de Vannes. ➻ Menhir de la Roche-Piquée. — Ruines du château du Houx. — Joli hôtel de ville.

Gâvres, 1,267 h., c. de Port-Louis. ⟶ Presqu'île de Gâvres, où ont lieu les expériences permanentes de la Commission chargée d'étudier les progrès de l'artillerie à longue portée.

Gérand (Saint-), 915 h., c. de Pontivy. ⟶ Église romane. — Dans la chapelle de St-Dréleno, restes de vitraux.

Gestel, 468 h., c. de Pontscorff. ⟶ Chapelle de Notre-Dame de Kergornet, but de pèlerinage.

Gildas-de-Rhuis (Saint-), 1,290 h., c. de Sarzeau. ⟶ Bâtiments (xviii° s.) d'une abbaye que gouverna Abélard au xii° s. L'église (mon. hist.), dont le chœur et le croisillon N. remontent au

Tours d'Elven.

xii° s., renferme : un maître-autel en marbre (retable de la Renaissance) ; des stalles sculptées ; le tombeau de saint Gildas et les sépultures de plusieurs princes de la maison de Bretagne ; dans le trésor, reliquaires du xv° s., châsse de saint Gildas (1731) recouverte de lames en argent, etc. — Monuments mégalithiques. — Bains de mer.

Glénac, 844 h., c. de la Gacilly. ⟶ Chapelle romane de Saint-Léon.

Gonnery (St-), 878 h., c. de Pontivy.

Gorgon (St-), 357 h., c. d'Allaire.

Gourhel, 200 h., c. de Ploërmel.

Gourin, 4,555 h., ch.-l. de c. de l'arrond. de Pontivy. ⟶ Ruines du château de Kerbiguet (xvi° s.), converti en ferme ; murs de la salle principale chargés de fresques ; margelle d'un puits ornée de sculptures. — Deux dolmens ; deux menhirs et deux camps.

Gouvry (Saint-), 205 h., c. de Rohan. ➤ Église : vitraux du xvi⁵ s.

Grand-Champ, 5,716 h., ch.-l. de c., arrond. de Vannes. ➤ Dolmens et menhirs nombreux. — Dans l'église (xiiᵉ, xvᵉ et xviᵉ s.), stalles du xviᵉ s. — Chapelle Sainte-Brigitte (xviᵉ s.), à Locperhet. — Dans l'église de Locmaria, tombeau et statue couchée d'un seigneur (xviiiᵉ s.). — Château de Coëtcandec (belle cheminée).

Gravé (Saint-), 1,011 h., c. de Rochefort. ➤ Dolmen, dit Maison-des-Follets, et menhir.

Grée-Saint-Laurent (La), 357 h., c. de Josselin. ➤ Église possédant une cloche du xviᵉ s.

Groix, 4,892 h., île de l'Océan, située en face de la rade de Lorient, et formant une commune du canton de Port-Louis. ➤ Grottes profondes creusées par la mer dans des falaises schisteuses. Les plus intéressantes sont le Trou de l'Enfer, le Trou du Tonnerre, la Chaussée, la grotte aux Moutons, la grotte à Madame Barisy, le port Saint-Nicolas. — Monuments mégalithiques.

Guégon, 3,057 h., c. de Josselin. ➤ Chapelle du xiiᵉ s.

Guéhenno, 1,275 h., c. de Saint-Jean-Brévelay. ➤ Dans l'église Saint-Pierre, bas-relief en pierre représentant différentes scènes de la Passion. — Dans le cimetière, riche calvaire en granit, restauré, composé de trois croix (la principale est un monolithe de 5 mèt. 66 de hauteur) et de nombreuses figures. — Château de Lémay, de la Renaissance, inachevé. — Croix ajourées, près de l'église et sur le chemin de Guégon. — Tumulus.

Gueltas, 1,001 h., c. de Pontivy. ➤ Dans le croisillon S. de l'église, retable en partie sculpté à jour (xviᵉ s.).

Guéméné, 1,638 h., ch.-l. de c. de l'arrond. de Pontivy. ➤ Ruines du château de Rohan-Guéméné (xvᵉ ou xviᵉ s.), restauré au xviiiᵉ s., et offrant les traces de 9 tours, dont 3 carrées, récemment rebâties en partie. — Colonne élevée à la mémoire du lieute-

nant de vaisseau Bisson, qui, en 1827, fit sauter son vaisseau attaqué par des pirates grecs.

Guénin, 1,885 h., c. de Baud. ➤ Chapelle Notre-Dame, sur le Mané-Guen (montagne blanche). — Croix de pierre sculptée.

Guer, 3,541 h., ch.-l. de c. de l'arrond. de Ploërmel. ➤ Au N. de l'église, maison de bois nommée la Claire-Fontaine (1630). — Château de Coëtbo.

Guern, 2,766 h., c. de Pontivy. ➤ Chapelle de Notre-Dame de Quelven (mon. hist.), du xviᵉ s. ; tour avec flèche en pierre ; vitraux bien conservés.

Guerno (Le), 606 h., c. de Muzillac. ➤ Église Notre-Dame (xviᵉ s.) ; anciens vitraux à l'abside. — Dans le cimetière, croix haute de 5 mèt. — Calvaire remarquable.

Guidel, 4,506 h., c. de Pontscorff. ➤ 2 dolmens, 3 menhirs. — Église moderne ; belle tour ; boiseries remarquables. — Château de Talhouët.

Guillac, 1,526 h., c. de Josselin. ➤ Deux croix fort anciennes à bras pattés. — Au bord de la route de Ploërmel, au centre d'une étoile plantée d'arbres, d'environ 140 mèt. de diamètre, colonne quadrangulaire de granit (1823), haute de 15 mèt., portant en français et en breton une inscription qui rappelle le célèbre combat des Trente (1351). Une autre inscription donne la liste des 30 Bretons qui combattirent sous la conduite de Roger de Beaumanoir contre Richard Benborough et ses 30 Anglais.

Guilliers, 2,533 h., c. de la Trinité. ➤ Église possédant une cloche du xviᵉ s., un bénitier à cuve polylobée et un calice très ancien en argent.

Guiscriff, 3,894 h., c. du Faouët. ➤ Église de 1570 ; enfeus. — Dans la chapelle Saint-Antoine, retables de 1686, bien sculptés. — Chapelle Saint-Éloi (xviᵉ s.). — Dolmens et menhirs.

Guyomard (Saint-), 893 h., c. de Malestroit. ➤ Château de Brignac, du xvᵉ s. : grosse tour à mâchicoulis, flanquée d'une tourelle, avec bel escalier. — Menhirs dont un de 7 mèt.

Hélène (Sainte-), 724 h., c. de Port-Louis.

Château de Josselin.

Helléan, 605 h., c. de Josselin. ⟶ Église possédant deux cloches du XVIᵉ s.

Hennebont, 6,519 h., ch.-l. de c. de l'arr. de Lorient, divisé en Vieille ville, ville Close (ancienne enceinte; belle porte fortifiée) et ville Neuve. Les deux dernières sont séparées de la première par le Blavet (pont de 5 arches). ⟶ Port recevant des vaisseaux de 200 à 300 ton. — Vestiges du château. — Tour Saint-Nicolas. — Église Notre-Dame de Paradis (mon. hist.), charmant édifice du XVIᵉ s., récemment restauré à surmonté d'un clocher à flèche, haut de 50 mèt. — Maisons des XVIᵉ et XVIIᵉ s. — A 1 kil. de la ville, sur la rive g. du Blavet, restes de l'abbaye de la Joye, où se voit encore la statue tumulaire, en bois plaqué de bronze, de la fondatrice, Blanche de Champagne (1285). — Le chemin de fer traverse le Blavet sur un magnifique viaduc en pierre (222 mèt. de longueur, 5 arches de 22 mèt. d'ouverture, 10 arches de 10 mèt. d'ouverture et de 25 mèt. de hauteur).

Hézo (Le), 536 h., c. de Vannes (Est).

Ile aux Moines (L'), 1,459 h., c. de Vannes (Ouest), la plus belle île de la baie du Morbihan. ⟶ Beau cromlech (mon. hist.) de 90 mèt. de circonférence, à Kergonan. — Dolmens à Penhapp, Kergrahier et Kerno.

Ile d'Arz (L'), 1,140 h., c. de Vannes (Ouest). ⟶ Église du XIᵉ s. (mon. hist.), plusieurs fois remaniée. — Restes d'un tumulus, de dolmens, de menhirs et d'autres monuments mégalithiques, dont l'un est dit Maison des Poulpiquets; cromlech de 20 mèt. de diamètre.

Inguiniel, 2,652 h., c. de Plouay.

Inzinzac, 2,999 h., c. d'Hennebont. ⟶ Pont de cinq arches gothiques.

Jacut (St-), 1,520 h., c. d'Allaire.

Jean-Brévelay (Saint-), 2,052 h., ch.-l. de c. de l'arrond. de Ploërmel. ⟶ Dolmens et menhirs. — Sous le porche de l'église, bas-relief représentant Jésus-Christ et six Apôtres; au milieu de l'église, pierre plate, dite tombeau de saint Jean Brévelay. — Chapelle de Notre-Dame de Kerdroguen, pèlerinage.

Jean-la-Poterie (Saint-), 1,435 h., c. d'Allaire.

Josselin, ch.-l. de c. de l'arrond. de Ploërmel, 2,631 h., sur l'Oust et le canal de Nantes à Brest. ⟶ On remarque dans l'*église Notre-Dame*, en grande partie du XVᵉ s. : la chapelle Sainte-Catherine (piliers romans; chaire en pierre dans l'épaisseur du mur; caveau sépulcral); les peintures murales de la chapelle Sainte-Marguerite; le tombeau (mon. hist.), en marbre noir, d'Olivier de Clisson et de sa seconde femme, Marguerite de Rohan (statues couchées et statuettes en marbre blanc), et des restes de stalles en bois sculpté (XVᵉ ou XVIᵉ s.). Chaque année, le mardi de la Pentecôte, on amène dans cette église plusieurs aboyeuses, femmes atteintes de convulsions héréditaires, qui ne peuvent être guéries, dit-on, que par l'attouchement des reliques de la statue miraculeuse de Notre-Dame du Roncier. — Ancienne église du prieuré de Saint-Martin (XIIᵉ s.). — Ruines de l'ancienne église de Saint-Michel et de la chapelle Sainte-Croix. — Château (mon. hist.) de la famille de Rohan, construit sur un roc escarpé, au bord de l'Oust. Sur la façade du côté de la rivière, 3 tours réunies par des courtines à mâchicoulis. Façade de la cour d'honneur, magnifique spécimen de l'architecture civile de la dernière période ogivale. Principal corps de logis (XVᵉ s.) surmonté d'un comble bordé d'une belle galerie à jour, richement sculptée, et percé de lucarnes avec pinacles et dentelures. 10 gargouilles immenses. — Nombreuses maisons en bois, à pignons (XVᵉ et XVIᵉ s.).

Kerfourn, 940 h., c. de Pontivy. ⟶ Église Saint-Éloi; restes de vitraux et de retables (style flamboyant).

Kergrist, 1,116 h., c. de Cléguérec.

Kervignac, 2,578 h., c. de Port-Louis. ⟶ Église du XVᵉ ou du XVIᵉ s. — Dolmens. — Chapelle Saint-Laurent (pèlerinage).

Landaul, 974 h., c. de Pluvigner.

Landévant, 1,632 h., c. de Pluvigner. ⟶ Grottes curieuses. — Dans le cimetière, sculptures bizarres, provenant d'une église gothique.

Langoëlan, 1,532 h., c. de Guéméné. **⟶** Église et chapelle gothiques.

Langonnet, 3,710 h., c. de Gourin. **⟶** Église Saint-Pierre-et-Saint-Paul (XIᵉ s.), souvent remaniée; au pied du calvaire, inscription du XIᵉ s. — Église de la Trinité (1500-1568; très beaux vitraux du XVIᵉ s., en mauvais état). — Beau tumulus, 3 menhirs, débris de mon. mégalithiques. — Bâtiments, reconstruits de 1650 à 1780 et convertis en colonie pénitentiaire (300 jeunes détenus), de l'abbaye de Langonnet (XIIᵉs.); il en reste une salle voûtée en ogive.

Languidic, 6,920 h., c. d'Hennebont. **⟶** Élégante chapelle de Notre-Dame des Fleurs (XVᵉ s.). — Monuments mégalithiques. — Tumulus. — Menhir.

Lanouée, 2,332 h., c. de Josselin. **⟶** A l'église Saint-Pierre, armoire à panneaux chargés d'ornements du style ogival flamboyant. — Chapelle romane de Saint-Mélec.

Lantillac, 398 h., c. de Rohan. **⟶** Église: cloche du XVIᵉ s.; calice très ancien, en argent battu.

Lanvaudan, 1,049 h., c. de Plouay.

Lanvénégen, 2,155 h., c. du Faouët.

Larré, 765 h., c. de Questembert. **⟶** Dans le cimetière, croix en pierre du XVᵉ s.

Laurent (Saint-), 254 h., c. de Rochefort.

Lauzach, 433 h., c. de Questembert. **⟶** Fontaine qui guérit, dit-on, les maladies des yeux.

Léry (Saint-), 271 h., c. de Mauron. **⟶** Dans l'église, bas-relief en bois et restes de vitraux du XVIᵉ s.; tombeau de saint Léry, surmonté de sa statue couchée (XVIᵉ s.).

Lignol, 1,880 h., c. de Guéméné. **⟶** Église remarquable du XVIᵉ s.

Limerzel, 1,674 h., c. de Rochefort. **⟶** Dans l'église, beau retable sculpté.

Lizio, 1,069 h., c. de Malestroit. **⟶** Sur les landes du Braguet et de Val-Joint, tombelle.

Locmalo, 1,388 h., c. de Guéméné.

Locmaria, 1,774 h., c. du Palais. **⟶** Tombelles de Borthéro et de Kergolay. — Grotte de Kerdonis.

Locmariaquer, 2,159 h., c. d'Au-

ray, port de pêche à l'entrée du Morbihan. **⟶** Ce village possède des restes de monuments romains, qui font croire qu'il a remplacé l'ancienne ville de *Dariorigum*. Mais il est surtout célèbre par ses monuments mégalithiques (mon. hist.), qui par leurs dimensions et leur bel état de conservation sont sans rivaux en France. Ce sont: le grand dolmen du Mané-Lud (sculptures à l'intér.); celui de Dol-er-Groh' (table brisée); le menhir du Men-er-H'roeck (21 mèt.), brisé par la foudre; la Table des Marchands (caractères gravés); le Mané-Rutual; le tumulus de Mané-er-H'roeck, haut de 12 mèt.; dolmens de Kerran et de Kervress, menhir de Kerango, etc. — Église du XIIᵉ s.

Locminé, 2,031 h., ch.-l. de c. de l'arrond. de Pontivy. **⟶** Église ogivale restaurée; dans la chapelle Saint-Colomban, vitraux représentant la vie de ce saint. — Chapelle de la Vierge, du style ogival flamboyant. — Nombreuses maisons du XVIᵉ s.

Locoal-Mendon, 2,185 h., c. de Belz. **⟶** Monuments mégalithiques.

Locqueltas, 691 h., c. de Grand-Champ. **⟶** Menhir dit le Fuseau de la femme de Gargantua.

Lorient, 40,035 h., ch.-l. d'arrond. et de 2 cantons, ch.-l. d'une préfecture maritime, port militaire affecté principalement aux constructions navales, et place de guerre, au fond d'une rade que forment le Scorff et le Blavet, avant de se jeter dans l'Océan. Lorient se compose de Lorient proprement dit, ville fortifiée, et du faubourg de Kérentrech, où un *pont* suspendu, d'une travée de 200 mèt., franchit le Scorff. Lorient, l'un des 5 ports militaires de la France, fut élevé en 1719, sous le nom de l'Orient, par la Compagnie des Indes orientales, qui dut liquider ses affaires en 1770, et fit au roi remise du port et de ses établissements, estimés alors 12,750,000 livres. Les rues de Lorient sont tirées au cordeau. **⟶** *Église Saint-Louis* (1709). — *Lycée.* — *Hospice* civil. — Petit *musée municipal.* — *Musée Dousdebès.* — Sur la place Bisson, *colonne* en granit, surmontée d'une *statue*, en bronze, de l'enseigne de vaisseau *Bisson*, par Gatteaux. — Jolie *fontaine* en pierre (Neptune). — Dans le cimetière, *tombe du poète Brizeux*, en granit, avec médaillon en marbre blanc, par Étex. — *Arsenal :* il renferme la place d'Armes, circonscrite à l'E. par les magasins généraux, au N. par les murs des Quinconces, à l'O. par la corderie, au S. par deux pavillons de style Louis XV, construits en 1733 par la Compagnie des Indes. Celui de l'E. est devenu l'hôtel du préfet maritime; celui de l'O. est occupé, au rez-de-chaussée par les bureaux de la préfecture et le tribunal maritime, au 1ᵉʳ étage par la Majorité générale, les archives et la bibliothèque de la Marine (5000 vol.). École des apprentis, tour des Signaux ou de la Découverte (xviiiᵉ s.), haute de 58 mèt. 33 (belle vue au sommet) et à côté de laquelle est l'observatoire de la marine. Cour des Ventes (casernes) aux escaliers remarquables. Ancien bagne; parc d'artillerie, où 3 canons rappellent les victoires d'Alger, de Saint-Jean-d'Ulloa et d'Obligado. En face des casernes sont mouillées trois frégates qui logent dans leurs batteries 1,000 marins et dont les 2 premières servent en outre d'écoles spéciales pour le canonnage et le gréement. Près de ces frégates est *l'Avant-garde* ou vaisseau amiral. Immense corderie (1676-1678) dont la cour intérieure est plantée de chênes et de marronniers presque deux fois séculaires (curieuse machine à confectionner les drisses de pavillon; curieuse pirogue du Sénégal). Musée d'artillerie ou salle d'armes. — Les *chantiers* de constructions de *Caudan*, sur la rive g. du Scorff, embrassent une surface de 157,000 mèt. carrés et comptent 9 cales de construction pour vaisseaux et frégates et 2 autres pour bâtiments de rangs inférieurs. — Les *promenades* de Lorient sont: dans l'intérieur de la ville, la *Bove* (*statue* du compositeur *Victor Massé*, par A. Mercié), la *place d'Armes*, la *place d'Alsace-Lorraine* et la *Plaine;* à l'extérieur, les *quais*, *l'avenue de Merville*, les *allées de Carnel*, conduisant à *Keroman* (éta-blissements d'ostréiculture et de pisciculture) et le *cours Chazelles*, qui conduit de Lorient à *Kérentrech* (*église* moderne dans le style du xvᵉ s.; *chapelle de Saint-Christophe*, du xviᵉ s.; *château de Tréfaven*, du xvᵉ s., poudrière). — 6 *phares*.

Loyat, 2,079 h., c. de Ploërmel.

Malansac, 2,421 h., c. de Rochefort. ⟶ Dans l'église, coffre en bois sculpté, du xviᵉ s. — Ruines du couvent de Bodelio (beau parc).

Malestroit, 1,741 h., ch.-l. de c. de l'arrond. de Ploërmel. ⟶ Église Saint-Gilles, partie romane, partie du xvᵉ s.; restes de vitraux représentant la vie de Jésus-Christ; parmi les sculptures du portail, symboles des quatre Évangélistes. — Église de la Madeleine (xvᵉ s.), ancien prieuré de Saint-Gildas de-Rhuis; curieuse croix byzantine en cuivre; belle verrière (scène légendaire et vie de sainte Madeleine). — Maisons des xvᵉ et xviᵉ s., en bois et en pierre.

Malguénac, 1,675 h., c. de Cléguérec. ⟶ Dans la chapelle Saint-Gildas, belle statue de ce saint (xiiiᵉ s.).

Malo-de-Beignon (Saint-), 252 h., c. de Guer. ⟶ Château épiscopal transformé en maison moderne. — Chapelle très ancienne.

Malo-des-Trois-Fontaines (St-), 783 h., c. de la Trinité.

Marcel (Saint-), 501 h., c. de Malestroit. ⟶ Dolmen, à la lande de Chassouville.

Martin (Saint-), 1,622 h., c. de la Gacilly.

Marzan, 1,895 h., c. de la Roche-Bernard. ⟶ Église, chœur de transition. — Château de la Renaissance. — Ruines du château de l'Isle, où moururent Jean Iᵉʳ et Arthur II, ducs de Bretagne. — Croix en pierre sculptée.

Mauron, 4,446 h., ch.-l. de c. de l'arrond. de Ploërmel. ⟶ Dans l'église, en partie moderne, vantaux de porte sculptée et charpente apparente (xviᵉ s.). — Maisons du xviᵉ s. — Château ruiné du xviiiᵉ s.

Melrand, 3,295 h., c. de Baud. ⟶ Grotte de St-Rivalain, avec statue vénérée.

Table des Marchands, dolmen à Locmariaquer.

Ménéac, 3,751 h., de la Trinité. ⟶ Monuments mégalithiques.

Merlevenez, 1,358 h., c. de Port-Louis. ⟶ Belle église des XIIᵉ, XIIIᵉ, XVᵉ et XVIᵉ s.; magnifique tour octogonale (1533), surmontée d'une flèche en pierre.

Meslan, 2,028 h., c. du Faouët. ⟶ Église de 1577; arcades romanes.

Meucon, 307 h., c. de Grand-Champ. ⟶ Belle source.

Missiriac, 657 h., c. de Malestroit. ⟶ Ruines romaines, à Bremagois.

Mohon, 2,500 h., c. de la Trinité. ⟶ Restes d'un camp romain : deux enceintes, l'une d'un demi-hectare, entourée de fossés profonds de 10 mèt., l'autre contiguë à la première, plus vaste, mais dont les fossés n'ont que 5 mèt. et qui renferme le tumulus de Trohanier. Ces forteresses sont désignées dans le pays sous le nom de Rouets. — Dans l'église, deux tableaux donnés par Mme de Sévigné, et représentant la Flagellation et la Descente de la Croix.

Molac, 1,772 h., c. de Questembert. ⟶ Église Saint-Cyr, romano-ogivale. — Au Cours du Molac, église ogivale (vitraux du XIVᵉ s.). — Château des Roches.

Monteneuf, 1,567 h., c. de Guer.

Monterblanc, 985 h., c. d'Elven. ⟶ Dans la chapelle Notre-Dame de Mangolérian, bénitier monolithe du XVᵉ s., avec sculpture (chasse au sanglier).

Monterrein, 363 h., c. de Malestroit. ⟶ Deux mégalithes.

Montertelot, 237 h., c. de Ploërmel.

Moréac, 3,087 h., c. de Locminé. ⟶ Menhir. — Chapelle Saint-Ivy, partie romane, partie Renaissance. — Deux croix de pierre sculptées.

Moustoirac, 1,633 h., c. de Locminé. ⟶ Monuments mégalithiques.

Moustoir-Remungol, 932 h., c. de Locminé. ⟶ N.-D. des Fleurs (vitraux).

Muzillac, 2,528 h., ch.-l. de c. de l'arr. de Vannes. ⟶ Église romano-ogivale, à Bourg-Péaule. — Ruines de la chapelle Saint-Antoine, but de pèlerinage (2 statues de chevaliers). — Dans la maison des Frères, cheminée polygonale venant, dit-on, de l'abbaye de Prières.

Naizin, 2,203 h., c. de Locminé.

Néant, 1,630 h., c. de Mauron. ⟶

Tour à mâchicoulis du château du Bois-de-la-Roche, rasé en 1780.

Neulliac, 1,855 h., c. de Cléguérec.

Nicolas-du-Tertre (Saint-), 665 h., c. de Malestroit. ⟶ Belle et grande croix de schiste dans le cimetière.

Nivillac, 3,538 h., c. de la Roche-Bernard. ⟶ Église, grosse tour carrée; dans le cimetière, croix dont la base, fort ancienne, est chargée de sculptures grossières.

Nolf (Saint-), 1,329 h., c. d'Elven. ⟶ Chapelle Sainte-Anne (1499); verrière représentant des personnages historiques. — Calvaire sculpté.

Nostang, 1,176 h., c. de Port-Louis. ⟶ Nombreux monuments mégalithiques. — Chapelles de Lègevin et de Locmaria, pèlerinages.

Noyal-Muzillac, 2,454 h., c. de Muzillac. ⟶ Église (époque de transition, XIIᵉ s.), en forme de croix latine, avec nefs latérales, renfermant de bons tableaux. — Château de Kéralio, avec tourelles et fenêtres en accolade du XVᵉ s.

Noyal-Pontivy, 3,206 h., c. de Pontivy. ⟶ Église du XVᵉ s. — Dans le cimetière, cercueil de granit dit tombeau de saint Mériadec. — Chapelles Sainte-Barbe, Sainte-Noyale et Saint-Jean (XVᵉ et XVIᵉ s.). — Belle croix de pierre à statuettes.

Noyalo, 386 h., c. de Vannes (Est)

Palais (Le), 5,126 h., ch.-l. de c. et de l'île de Belle-Ile, arr. de Lorient, port et place de guerre. ⟶ Citadelle construite en 1572 et complétée par Vauban; elle est précédée de fraîches promenades. — Anciennes fortifications appelées la Vieille-Enceinte. — Belle enceinte fortifiée, récemment construite. — Belle-Fontaine ou Aiguade-Vauban, vaste bassin de granit où les navires vont s'approvisionner d'eau douce. — Hôpital militaire fondé par Madeleine de Castille, femme de Fouquet. — Colonie agricole et maritime de jeunes détenus. — Château Fouquet, dominant le petit port du même nom. — Grottes aux Pigeons, de Saint-Michel et de Port-Fouquet. — Bel établissement agricole de Bruté. — A Kerspern et à Kerdanet, galeries souterraines.

Péaule, 2,483 h., c. de Questembert.

➻➤ Ancienne croix de pierre, entre deux tombeaux grossièrement sculptés.

Peillac, 1,908 h., c. d'Allaire. ➻➤ Enceinte dite Camp romain. — 5 lechs.

Pénestin, 1,414 h., c. de la Roche-Bernard. ➻➤ Peulvan, deux menhirs, débris de deux dolmens.

Perreux (St-), 589 h., c. d'Allaire.

Persquen, 967 h., c. de Guéméné. ➻➤ Église Saint-Adrien, porche carré, abside du xvi° s. — Croix de pierre fleuronnée.

Pierre (Saint-), 1,848 h., c. de Quiberon. ➻➤ Fort Saint-Pierre, du xvii° s. — Six menhirs alignés et cromlech (mon. hist.). — Dolmen de Kockquinaude (mon. hist.). — Menhir du Mané-Meur (mon. hist.).

Plaudren, 1,685 h., c. de Grand-Champ. ➻➤ Camp retranché de Kerfloch; enceinte fortifiée de Kergolion et nombreux menhirs. — Château de Guervazy, qui existait déjà au xv° s.; grande cheminée sculptée. — Église Saint-Gildas, des xvi° et xvii° s., avec de belles clefs de voûte. — Près de la chapelle Saint-Bily, cimetière renfermant plusieurs mégalithes. — La Quenouille, menhir haut de 7 mèt.

Plescop, 1,242 h., c. de Grand-Champ. ➻➤ Dans l'église de Saint-Pierre-ès-Liens, bénitier sculpté de 1629, et statue en pierre du xv° s., représentant un moine. — Croix ancienne à bras pattés. — A Lézurgon, chapelle Notre-Dame; belle et haute charpente avec clefs sculptées; fragments de vitraux; piscine. — Ruines de la maison de plaisance des évêques de Vannes (xviii° s.) ou château de Kérango.

Pleucadeuc, 1,518 h., c. de Questembert. ➻➤ Église Saint-Pierre, avec gros animal fantastique au pignon du croisillon N.; sablières sculptées et croix à personnages. — Chapelle Saint-Marc, grossièrement restaurée et près de laquelle est un calvaire chargé de sculptures. — Chapelle Saint-Barthélemy, avec restes de vitraux. — Nombreux monuments mégalithiques. — Chapeau de Roche, singulier entassement au bord de l'étang de Couëdélo; rocher de la Pierre.

Pleugriffet, 1,794 h., c. de Rohan.

➻➤ Tumulus de la Haie. — Ruines d'un château.

Plœmel, 1,362 h., c. de Belz. ➻➤ Près de l'église, chapelle Notre-Dame de la Recouvrance (xv° s.). — Chapelle de Locmaria (xv° et xvi° s.); sculptures; tombeau d'un chevalier, avec statue (xiv° s.). — Chapelle Saint-Méen (xv° s.

Plœmeur, 11,845 h., 2° c. de Lorient. ➻➤ Église romane. — Tumulus dit butte à Madame; à Kerbistoret, menhir haut de 5 mèt. — Autres tombelles, menhirs et dolmens. — Belle chapelle Notre-Dame de Larmor (xv° xvi° s.), fréquentée par les marins (curieux retable); casino et bains de mer. — Bains de mer de Lomener.

Plœrdut, 3,590 h., c. de Guéméné. ➻➤ Église romane, tour carrée, porche. — Chapelle Notre-Dame de Crénénan (autrefois aux Templiers), litre extérieure, porte S. surmontée de figures grossières; sablières, entraits et culs-de-lampe curieusement sculptés, lambris couvert de peintures du xvi° s. (Histoire de la Vierge). — Chapelle de Lochrist, du moyen âge (additions et restaurations de 1586); retable en pierre grossièrement sculpté (Baptême de J.-C. et sa Passion); croix de pierre à personnages. — Motte féodale. — Deux tombelles. — Ruines d'une tour romaine (?) nommée Ty-Doué-Boris.

Plœren, 1,184 h., c. de Vannes (Ouest). ➻➤ Église Saint-Martin, du moyen âge; pierre tumulaire sculptée. — Chapelle N.-D. de Bethléem (xv° s.; pèlerinage); porte N. décorée de figures grotesques et d'écussons; deux tableaux sur bois, représentant une légende relative à la construction de la chapelle. — Butte féodale à Penhouët.

Plœrmel, 5,881 h., ch.-l. d'arrond. ➻➤ *Église* (mon. hist.; 1511-1602) offrant de belles sculptures, notamment au portail du nord, de magnifiques vitraux du xvi° s., et les statues, en marbre blanc et de grandeur naturelle, de Jean II et de Jean III, ducs de Bretagne. — Retable en bois du xvii° s., à trois étages, richement sculpté, dans la *chapelle des Ursulines.* — *V*aste *chapelle* gothique des Frères des Écoles chrétiennes. — *Maisons* du xvi° s., ornées de feuillages et de figures grimaçantes; hôtel du duc de Mercœur, avec cheminée sculptée; hôtel où descendit Jacques II d'Angleterre. — Restes de *murailles d'enceinte*, avec mâchicoulis, fossés et tour. — *Chapelle Saint-Marc* (beaux vitraux), du xvi* s., au château de Malleville. — Curieuses *croix* de la Mare-Faraud et de Roblains, à personnages. — A 1 kil., *étang du Duc* (belle cascade). — Menhir près de la chapelle St-Michel. — Dolmens du Haut-Bezon et de la Ville-Bouquet.

Plouay, 4,539 h., ch.-l. de c. de l'arrond. de Lorient. ⟶ Église du xii* ou du xiii* s.—Chapelle Sainte-Anne, qu'avoisinent des retranchements romains. — Châteaux de Kerdrého (xvi* s.) et de Ménéhouarn.

Plougoumelen, 1,771 h., c. d'Auray. ⟶ A la porte du cimetière, pierre sculptée et croix remarquable. — Cha-

La Scala Sancta, à Sainte-Anne-d'Auray.

pelle Notre-Dame de Becquerel, but de pèlerinage; portail O. de la Renaissance; sablières ornées de sculptures, dans le mur; source intarissable. — Butte féodale. — Monuments mégalithiques. — Grotte et tumulus du Rocher (mon. hist.).

Plouharnel, 1,631 h., c. de Quiberon. ⟶ Chapelle Notre-Dame des Fleurs : clocher carré avec clochetons; bas-reliefs en albâtre (l'arbre de Jessé). — A l'hôtel du Commerce, musée formé des découvertes faites par M. Gaillard dans les monuments mégalithiques des environs. — Dolmens de Rondossec (mon. hist.), de Runesto (mon. hist.), du Gohquer (mon. hist.), de Mané-Kerioned (mon. hist.), de Keriaval (mon. hist.), de Kergavat (mon. hist.), de Mané-Runmeur (mon. hist.). — Chapelle (xv* s.) et alignements de Sainte-Barbe (mon. hist.). — Dolmen et « témène » (enceinte carrée de 21 menhirs) de Crucuno (mon. hist.). — Dolmen du Mané-Gro'h (mon. hist.). — Au Vieux-Moulin, menhirs (mon. hist.).

Église et fontaine de Sainte-Anne-d'Auray.

Plouhinec, 3,681 h., c. de Port-Louis. ➤ Nombreux menhirs isolés; alignements de menhirs de Kérousine, de Kervilhué et du moulin de Gueldro; tumulus tronqué; dolmen de Kersine. — Restes de fortifications romaines, près du Vieux-Passage. — Église Saint-Pierre et Saint-Paul, de plusieurs époques. — Chapelle Notre-Dame de Grâce (xvɪᵉ s.).

Plouray, 1,644 h., c. de Gourin. ➤ Chapelle Saint-Yves; portail S., carré, de 1687 (six niches de chaque côté avec dais ornementés, style de la Renaissance). — Chapelle Saint-Mandé : clocher avec escalier extérieur. — Motte féodale. — Dolmen.

Pluherlin, 1,761 h., c. de Rochefort. ➤ Dans le cimetière, croix sculptée. — Agglomération de mégalithes (2000 au moins sur la lande de Haut-Brambien). — A la Grée-Mahé, temple romain, de forme octogonale (16 mèt. 66 de diamètre).

Plumelec, 3,068 h., c. de Saint-Jean-Brévelay. ➤ Camps romains et gaulois. — Dolmen en ruine de la Roche-aux-Fées. — Église de Saint-Mélec (sablières sculptées du xvɪᵉ s.). — Chapelle Saint-Aubin, avec belles sculptures, et belle croix au cimetière. — Chapelle Saint-Mandé, avec bas-relief sur l'un des murs extérieurs. — Ruines d'un ancien prieuré. — Au château de Callac, belle collection de portraits historiques.

Pluméliau, 4,192 h., c. de Baud. ➤ Église de 1696. — Chapelle ogivale de Saint-Nicodème, de 1539 : riche porche; énorme tour, carrée à la base, polygonale en haut; flèche sculptée à jour, flanquée d'une tourelle renfermant l'escalier (hauteur totale, 46 mèt.); tribune en pierre de la même époque; retable en pierre. — A côté, fontaine ogivale et Renaissance, de 1608, chargée de riches sculptures et que les habitants visitent en pèlerinage pour se guérir des maladies épidémiques. — Chapelle Sainte-Anne (xvɪᵉ s.). — Chapelle Saint-Nicolas des Eaux, de 1524.

Plumelin, 2,007 h., c. de Locminé. ➤ A Bod-Coët, deux statues d'Hercule en granit.

Plumergat, 2,270 h., c. d'Auray.

➤ Borne milliaire, près de Mériadec. — Église de Saint-Thuriau; grosse tour carrée; au-dessus de la porte O., grossière sculpture représentant le Crucifiement. — Calvaire du xvɪᵉ s., dans le cimetière. Chapelle de la Trinité : beau portail du xvᵉ s.; bas-relief en pierre. — Chapelle Notre-Dame de Gorvenec (xvɪᵉ s.). — Chapelle Saint-Michel : belle statue mutilée, en bois, d'un chevalier. — Chapelle Saint-Mériadec; au-dessous des autels, fragments de retables, richement sculptés. — Monuments mégalithiques.

Pluneret, 5,275 h., c. d'Auray. ➤ Église ogivale moderne. — Dans le cimetière, deux pierres tumulaires très curieuses (xɪɪɪᵉ et xvᵉ s.), avec personnages gravés au trait. — Chapelle Sainte-Anne, pèlerinage célèbre dans toute la Bretagne; l'église primitive, bâtie en 1625, a été remplacée de nos jours par un vaste et bel édifice, style de la Renaissance, à trois nefs, que domine une haute tour à flèche de pierre surmontant le chœur. — Belle fontaine à trois bassins, avec statue de la sainte : les deux premiers, de forme octogonale, ont 2 mèt. de diamètre; l'autre se prolonge autour de la statue sur 6 mèt. de longueur et 5 mèt. de largeur. — *Scala sancta*, sorte d'édicule où se font les cérémonies à certains jours de fêtes. — A Sainte-Avoye, jolie chapelle du xvɪᵉ s. (jubé de 1554).

Pluvigner, 4,981 h., ch.-l. de c. de l'arrond. de Lorient. ➤ Église de 1546 : dans le trésor, *Bible* in-folio, sortie des ateliers de Robert Estienne (1540) et ornée de gravures sur bois. — Chapelle Notre-Dame des Orties; chœur roman, modifié en 1426. — Chapelle Saint-Fiacre, restaurée en 1640 : dans le transsept, retable en bois, riches sculptures du style ogival flamboyant. — Croix sculptée dans le cimetière. — Vieux château de la Kernonie (xvᵉ s.).

Pontivy ou **Napoléonville**, ch.-l. d'arrond. de 9,465 hab., sur le Blavet, à la bifurcation du canal de Nantes à Brest. ➤ *Église ogivale Notre-Dame de la Joie*, flanquée d'une tour carrée (1535) portail sculpté. — *Église* ogivale moderne dans la ville neuve. — Ancien

Vieux château, à Pontivy.

château de la famille de Rohan (1485). — *Porte urbaine*, du XVII° s. — *Maisons* des XV° et XVII° s. — *Statue* (1861) du général de Lourmel, tué devant Sébastopol. — *Lycée* dans un ancien couvent du XVII° s. — A Stival, *chapelle de Saint-Mériadec;* cloche en cuivre dite *bonnet de Saint-Mériadec* et qu'on sonne sur la tête des sourds.

Pontscorff, 1,834 h., ch.-l. de c. de l'arrond. de Lorient. ➛ Le Scorff divise la ville en deux parties, le haut et le bas Pontscorff, reliés par deux ponts. — Église Saint-Albin, de 1610; dans le cimetière, belle pierre tumulaire du XVI° s. — Autre église très ancienne. — Restes de l'ancienne chapelle de Templiers Saint-Jean, aujourd'hui brasserie. — Maison de la Renaissance (1565), dite Maison des Princes, richement décorée. — Dans la chapelle Bonne-Nouvelle, au bas Pontscorff, belle statue tumulaire du XIII° s. (effigie d'une châtelaine.

Porcaro, 981 h., c. de Guer.

Port-Louis, 3.159 h., ch.-l. de c. de l'arrond. de Lorient. ➛ Église Notre-Dame (1665). Chapelle Saint-Pierre, réédifiée en 1834; à l'intérieur, statue de saint Élisée, d'origine espagnole, trouvée, dit-on, dans la mer, au commencement du XVII° s. — Maison de 1569. — La citadelle (XVIII° s.) a servi de prison, en 1836, au prince Louis-Napoléon. — Hôpital de la Marine (XVII° s.), à dr. duquel s'étend un petit jardin public. — Casino et établissement de bains de mer.

Port-Philippe ou **Sauzon,** 1,704 h , c. du Palais ➛ Église du moyen âge : tour carrée s'élevant sur un porche à arcades cintrées. — Curieux rochers de Men-Daniel. — Deux menhirs, près d'Anvorte. — Tombelles de Borderune et des landes du Semis et de Narhoz, dont plusieurs recouvrent des dolmens. Retranchement gallo-romain à la pointe du Vieux-Château; entre cette pointe et la pointe des Poulains (curieux rochers; phare), abîme appelé Puits de Baguenères. — Grotte de l'Apothicaire.

Pouldu (**Le**), com. de Guidel. ➛ Bains de mer sur une belle plage appelée la Côte-au-Sable.

Priziac, 2,255 h., c. du Faouët. ➛ Église Saint-Bého, des XII° et XVI° s. — Chapelle Saint-Nicolas, du XVI° s.; tour avec tourelle renfermant l'escalier; jubé orné de peintures et de sculptures; restes de vitraux du XVI° s. — Maison de la Renaissance.

Quelneuc, 811 h., c. de la Gacilly.

Questembert, 4,131 h., ch.-l. de c. de l'arrond. de Vannes. ➛ Antiquités et restes de retranchements romains. — Église Saint-Pierre, du XVI° s. — Chapelle Saint-Michel; dans le cimetière, calvaire richement sculpté, restauré de nos jours. — Chapelle Saint-Jean-Baptiste, construite par les Templiers, défigurée au XVIII° s. — Chapelle Notre-Dame, bâtie par les Templiers; dans le trésor, belle croix du XV° s.; nombreuses croix avec sculptures en relief; bénitier cylindrique, orné de cordons en dents de scie. — Chapelle Saint-Vincent, avec contreforts chargés de sculptures. — Restes du château fort de Coëtbihan. — Maisons du XVI° et du XVII° s., avec curieuses sculptures. — Tour cylindrique couronnée par deux bustes en pierre, l'un d'homme, l'autre de femme. — Halle de 1675, avec charpente remarquable. — Sur divers points, croix anciennes, avec sculptures en bas-relief ou en creux. — Motte féodale importante.

Quéven, 2,359 h., c. de Pontscorff. ➛ Menhir, dolmen et autres antiquités préhistoriques. — Chapelle Saint-Éloi, du moyen âge, avec restaurations postérieures. — Dans un puits qui avoisine l'église, pierres encastrées, avec inscriptions gothiques en relief. — Chapelle de la Trinité; clocher à flèche de 1771; statues de saints en pierre. — Chapelle Saint-Nicodème, restauré au XVIII° s. — Église moderne : dans le cimetière, belle croix sculptée (16 personnages).

Quiberon, 2,922 hab., ch.-l. de c. de l'arrond. de Lorient, station de bains de mer. ➛ La presqu'île de Quiberon est restée célèbre par le débarquement et le désastre des émigrés, le 28 juin 1795 (V. Brech). — Menhir et cromlech, à la pointe S.-O. de la presqu'île; autre menhir et dolmen ruiné, au Mané-Meur. — Église de Locmaria.

— A la pointe de la presqu'île, ruines du couvent de Saint-Clément, maison de Templiers. — Menhirs de Saint-Pierre. — Dolmens de Port-Blanc.

Quily, 485 h., c. de Josselin. ⤳ Restes de retranchements romains.

Quistinic, 2,430 h., c. de Plouay. ⤳ Retranchement romain. — Chapelle de Locmaria : tour avec tourelle renfermant l'escalier; restes de vitraux et détails de la Renaissance. — Motte féodale. — Restes de fortifications.

Radenac, 1,072 h., c. de Rohan. ⤳ Près des Rivières, vaste système de fortifications à double enceinte, dont les fossés ont 9 mèt. de profondeur en certains endroits : on prétend qu'il y eut là une ville. — Chapelle du xvᵉ s.; retable de la Renaissance ; restes de vitraux. — Fontaine miraculeuse.

Réguiny, 1,328 h., c. de Rohan. ⤳ Église Saint-Pierre. — Chapelle Saint-Clair, ornement de la Renaissance ; tombeau de saint Clair, sur le-

Château de Sucinio, près de Sarzeau.

quel est couchée sa statue en costume d'évêque.

Réminiac, 709 h., c. de Malestroit.

Remungol, 1,411 h., c. de Locminé. ⤳ Dans le cimetière de l'église, croix en pierre à personnages sculptés. — Fontaine ; statuettes surmontant deux colonnettes accolées au pignon.

Riantec, 5,500 h., c. de Port-Louis, petit port de pêche. ⤳ Dolmen à Kerpréhel. — Fontaine de Sainte-Radegonde, qui jaillit dans la mer.

Rieux, 1,846 h., c. d'Allaire. ⤳ Église Saint-Mélaine, du moyen âge ; portail et nombreux détails du xviiᵉ s. — Ruines d'un château fort, démantelé sous Richelieu : le portail, flanqué d'une tour carrée, est bien conservé. — Ruines d'une église de Trinitaires.

Roche-Bernard (La), 1,264 h., ch.-l. de c. de l'arrond. de Vannes. ⤳ Maisons en bois du xvᵉ et du xviᵉ s. — Pont suspendu, d'une travée de 197 mèt. de longueur ; le tablier est élevé de 33 mèt. au-dessus des plus hautes marées d'équinoxe. — Beau château de la Bretesche, récemment restauré, près de la forêt de ce nom. — Ruines du château de l'Isle (*V.* Marzan).

Rochefort-en-Terre. 637 h., ch.-l. de c. de l'arrondissement de Vannes, sur une roche schisteuse qui domine l'Arz. ➠ Église des xv° et xvi° s.; en face de la porte N., croix de granit sculptée. — Ruines considérables d'un château fort, près duquel s'élève une charmante chapelle moderne (style du xiv° s.). — Maisons sculptées des xv°, xvi° et xvii° s. — Chapelle Saint-Michel (bel écho). — Château de Talhoët (Renaissance). — Au N. de Rochefort, entre l'Arz et la Claye, dans les immenses landes de Lanvaux et du Haut-Brambien, se trouvent environ 2,000 mégalithes, généralement plus hauts que ceux de Carnac, mais presque tous gisants à terre.

Roc-Saint-André, 951 h., c. de Malestroit. ➠ Église au sommet d'un roc élevé; nombreux écussons mutilés; trois tableaux du peintre breton Lhermitais (xviii° s.). — Beau pont de treize arches (1769). — Tour du xiv° s., reste du château de la Touche-Carné. — Mégalithe du Champ-de-Terre. — Restes de retranchements romains.

Rohan, 555 h., ch.-l. de c. de l'arrond. de Ploërmel. ➠ Chapelle de 1510. — Vestiges de l'ancien château.

Roudoualleo, 1,248 h., c. de Gourin. ➠ Retranchement rectangulaire en terrassement, et, tout près, enceinte formée de pierres entassées; fortification circulaire dite Castel-Vouden, de l'époque romaine. — Église; tour du xviii° s., ornée de bizarres sculptures. — Dolmen.

Ruffiac, 1,827 h., c. de Malestroit. ➠ Menhir haut de 4 mèt.

Saint (Le), 1,782 h., c. de Gourin. ➠ Église Saint-Samuel, du moyen âge; curieux chapiteaux; tableaux anciens et groupes en bois. — Croix de pierre dans le cimetière. — Chapelle Saint-Adrien, but de pèlerinage.

Samson (Saint-), 1,026 h., c. de Rohan. ➠ Église Saint-Samson, du moyen âge. — Chapelle de Notre-Dame de Bon-Encontre; tableaux dont les personnages sont des portraits de la famille de Rohan.

Sarzeau, 5,563 h., ch.-l. de c. de l'arrond. de Vannes, bâti sur la presqu'île de Rhuis (grottes), célèbre par la douceur de son climat, entre le Morbihan et la mer. ➠ Monuments mégalithiques. — Vestiges romains; villa romaine, près du château de Truscat. — Maison où naquit Lesage. — Belles ruines (mon. hist.) du château de Sucinio, des xiv° et xv° s., construit par les ducs de Bretagne et consistant en 6 tours dont une cylindrique contenant la chapelle, à l'étage supérieur.

Sauzon, *V.* Port-Philippe.

Séglien, 2,014 h., c. de Cléguérec. ➠ Retranchements romains. — Église Notre-Dame de Lorette, récemment rebâtie. — Chapelle Locmaria, du xvi° s.; porche supportant une tour carrée que termine une flèche; grossières sculptures. — Chapelle Saint-Jean, avec tourelle carrée, flèche polygonale en pierre, grossières sculptures et fragments de vitraux. — Ruines du château de Coëtanfao (xviii° s.), qui était, dit-on, bâti sur le modèle du Petit-Trianon; il passait pour le plus beau de la Bretagne.

Séné, 2,868 h., c. de Vannes (Est). ➠ Débris de nombreux monuments mégalithiques. — Église Saint-Paterne, du moyen âge; dans le trésor, très beau calice en vermeil (xvi° s.) et plaque en cuivre du xvi° s.; au repoussé, la scène de la Présentation de Jésus au Temple.

Sérent, 3,126 h., c. de Malestroit. ➠ Débris romains et enceinte fortifiée; 94 tombelles celtiques, d'environ 2 mèt. de hauteur, sur 4 rangs parallèles, dans la lande du Faveno; 20 autres tombelles réunies par groupes de trois, dans la lande de Guerzo; cromlech du château de la Rivière. — Église du xv° s.; chapelle Sainte-Suzanne, beaux vitraux. — A côté, grand calvaire, de la fin de la Renaissance. — Châteaux ruinés de Rohéan et de Tromeur.

Servant (Saint-), 1,456 h., c. de Josselin. ➠ Église romano-ogivale, des xii°, xv° et xvi° s.; dans le trésor,

Anciennes murailles de Vannes.

croix processionnelle, calice et plat à offrande du xvi⁰ s. — Dans le cimetière, croix ancienne, haute de 2 mèt., et à l'entrée, bas-relief qui ornait autrefois un tympan.

Silfiac, 952 h., c. de Cléguérec. ⮚ Menhir. — Chapelle Saint-Laurent, du moyen âge, avec tourelle polygonale en pierre; curieuses sculptures aux contre-forts du chœur; à l'intérieur, fontaine.

Sourn (Le), 1,024 h., c. de Pontivy. ⮚ Belle chapelle de Notre-Dame de Guelven.

Sulniac, 1,406 h., c. d'Elven. ⮚ Menhirs. — Église Saint-Pierre-ès-Liens, restaurée; dans le cimetière, lech incliné et calvaire à personnages sculptés, portant en creux une croix pattée. — Église Saint-Jean-Baptiste, ancienne chapelle des chevaliers de Saint-Jean; tour carrée, sculptures bizarres. — Église Saint-Isidore, bâtie, dit-on, par les Templiers, et restaurée entièrement au xvii⁰ s.

Surzur, 2,093 h., c. de Vannes (Est). ⮚ Menhirs; deux roches aux Fées, en ruine. — Église Saint-Symphorien, du xiii⁰ s., avec additions de plusieurs époques; à la croisée, tour carrée romane. — Nombreuses maisons du xvii⁰ et du xviii⁰ s., ornées de sculptures.

Taupont, 2,225 h., c. de Ploërmel. ⮚ Église Saint-Golven, en partie romane; additions et restaurations des xv⁰ et xvi⁰ s.; vantaux et ferrures du xvi⁰ s., au portail O.; à l'intérieur, sablières et chapiteaux curieux. — Dans le cimetière, calvaire à personnages sculptés.

Théhillac, 577 h., c. de la Roche-Bernard. ⮚ Église Saint-Pierre et-Saint-Paul, du moyen âge; retable encadrant une bonne peinture de la Descente de Croix. — Ancien château.

Theix, 2,558 h., c. de Vannes (Est). ⮚ Nombreux monuments mégalithiques. — Chapelle de Notre-Dame la Blanche, du moyen âge, restaurée en 1742; sculptures grotesques des sablières. — Quatre vieux châteaux.

Thuriau (Saint-), 1,215 h., c. de Pontivy. ⮚ Église : sculptures et vitraux bien conservés. — Près de la chapelle, croix en pierre sculptée.

Tour-du-Parc (Le), 706 h., c. de Sarzeau.

Tréal, 1,032 h., c. de la Gacilly. ⮚ Menhir, tumulus, dolmen. — Camp présumé romain. — Église ancienne, beau bénitier.

Trédion, 1,086 h., c. d'Elven. ⮚ Monuments mégalithiques, au ham. de la Grande-Villeneuve. — Château du xv⁰ s., modernisé: dans le parc, dolmen et deux menhirs.

Treffléan, 805 h., c. d'Elven. ⮚ Mégalithe sur la lande de la Justice. — Église Saint-Mathieu (xvi⁰ s.). — A Cran, chapelle de Notre-Dame de Bon-Secours, bâtie, dit-on, par les Templiers.

Tréhorenteuc, 250 h., c. de Mauron. ⮚ Ruines d'un ancien château, jadis habité par sainte Onenna (viii⁰ s.). — Deux maisons en bois avec ornements sculptés de la Renaissance. — Nombreux mégalithes (*Butte et jardin des tombes*).

Trinité-Porhoët (La), 1,222 h., ch.-l. de c. de l'arrond. de Ploërmel. ⮚ Église romane, remaniée aux xiv⁰ et xv⁰ s. (belle cloche de 1495). — Croix du xv⁰ s. — Sur la place, maison autrefois habitée par Mme de Sévigné.

Trinité-sur-Mer (La), 1,122 h., c. de Quiberon. ⮚ Menhirs faisant partie des alignements de Carnac (*V.* ce mot).

Trinité-Surzur (La), 290 h., c. de Vannes (Est).

Tugdual (Saint-), 1,902 h., c. de Guéméné. ⮚ Chapelle gothique de Croisty; porche relié par une arcade à l'ossuaire; vieil if dans le cimetière. — Chapelle de Saint-Guen, de 1510.

Vannes, en breton *Gwened*, ch.-l. du départ. du Morbihan, siège d'un évêché, V. de 20,076 h., située à 16 kil. de l'Océan, à l'embouchure du Couleau dans le golfe du *Morbihan* (en français, petite mer). Elle se divise en 2 parties distinctes : la *vieille ville*, encore entourée de son enceinte fortifiée du moyen âge et dont les rues étroites, sombres, tortueuses se développent en amphithéâtre sur une colline; la *ville moderne*, formant autour de la vieille cité une suite de faubourgs aussi importants que la ville même et où sont les édifices publics (sauf la cathédrale), les places principales, les promenades, le port, les couvents, les casernes. Son *port* ne reçoit que les navires de 250 ton.; ceux de 700 ton. jettent l'ancre à *Conleau* (4 kil.).

➤ Anciens *remparts* des XIVᵉ, XVᵉ et XVIIᵉ s. (*tour Trompette, porte Saint-Patern, tour du Connétable,* où le duc Jean IV retint prisonnier le connétable de Clisson en 1387, etc. — *Cathédrale Saint-Pierre,* reconstruite au XIIIᵉ et du XVᵉ au XVIIIᵉ s.; tour (pyramide moderne) du XIIIᵉ s.; portail N. de 1514; portail O. moderne. A l'intér. : bas-relief de la Renaissance en pierre (la Cène); mausolée en marbre blanc de Mgr de Bertin († 1774), œuvre de Christophe Fossati, de Marseille, à qui est dû également le maître-autel en marbre blanc (anges adorateurs); tableaux de Mauzaisse et de Gosse; chapelle de Saint-Vincent Ferrier (1630-1637) contenant les tombeaux de deux évêques; tombeau de saint Vincent Ferrier; jolie chapelle circulaire du Saint-Sacrement (Renaissance). Dans le trésor, curieux coffret du XIIᵉ s.; à la sacristie, tapisseries d'Aubusson, de 1615. A g. de l'église, débris du cloître. — En face de la cathédrale, ancienne *chapelle du Présidial* (XIIIᵉ s.). — *Saint-Patern* (1727-1828). Dans le cimetière, tombeau du jésuite Lelen, but de pèlerinage. — *Église Notre-Dame du Méné* (1720), aujourd'hui chapelle des Dames de la Retraite, dont l'ancien *couvent* est occupé par le *tribunal.* — Élégante chapelle (1662) du *collège Saint-Yves.* — *Évêché* installé dans l'ancien couvent des Carmes déchaussés (XVIIᵉ s.). — *Préfecture* moderne (style Louis XIII). — Vaste *hôtel de ville* mo-derne (tableau d'Eugène Delacroix). — *Ancien hôtel de ville* (XVᵉ et XVIᵉ s.). — Le monastère des *Capucins* (1613) sert à un pensionnat d'Ursulines; celui des *Carmélites* (1529) est loué à des particuliers; celui des *Visitandines* (1671) a été transformé en caserne. — Le *collège Saint-François-Xavier* (XVIIᵉ s.) que dirigeaient les Jésuites, occupe un ancien couvent d'Ursulines. — C'est dans la salle haute des anciennes halles, aujourd'hui le *théâtre,* que fut solennellement délibérée par les États de la province, l'an 1532, l'union de la Bretagne à la France. — Élégante *halle aux grains.* — *Musée archéologique,* un des plus riches de la France en antiquités préhistoriques. Il possède aussi des monnaies romaines et mérovingiennes et différentes curiosités. Le local où il est installé contient aussi le *muséum* et la *bibliothèque* (10,000 vol.). — Belle collection scientifique de M. de Limur. — *Maison de Saint-Vincent Ferrier.* — *Château-Gaillard* (XVIᵉ s.), ancien logis des présidents du Parlement de Bretagne (à l'intér., boiseries peintes remarquables). — Autres maisons anciennes (XIVᵉ, XVIᵉ et XVIIᵉ s.). — Casernes et école d'artillerie. — *Promenade de la Garenne,* où furent fusillés plusieurs des émigrés de Quiberon (1795). — *Promenade de la Rabine,* qui s'étend jusqu'à la butte de Kérino.

Vincent (Saint-), 986 h., c. d'Allaire.

Vraie-Croix, 815 h., c. d'Elven. ➤ Chapelle de la Vraie-Croix, reconstruite au XVIIᵉ s., moins le portail, du XIIIᵉ s.; croix-reliquaire du XIIIᵉ s. — Tout près, chapelle du Temple, du XVᵉ s., moins le clocher (1691); bénitier du XIIᵉ s.

Dressée par ADOLPHE JOANNE.

A   CÔTES   DU   NORD

ILLE-ET-VILAINE

Châteauneuf

S.te Scarée

à Brest

Bannalec

QUIMPERLÉ

Pont-Scorff

Camaret

Mur de Bretagne

Cléguérec

PONTIVY
Napoléonville

LOUDEAC

Merdrignac

S.t Méen

Montauban
de Bretagne

Montfort-sur-Meu

la Chèze

La Trinité

Rohan

Josselin

PLOËRMEL

Plélan le Grand

Mauron

Pipriac

Ploermel

Loc'mine

Plouay

Hennebont

Questembert

S.t Nicolas

S.t Gildas

Pont-Château

VANNES

AURAY

Rochefort

La Roche-Bernard

BAIE DE QUIBERON

Quiberon

Herbignac

Guérande

NAZAIRE

LOIRE INFÉRIEURE

RADE DU CROISIC

Le Croisic

I.le aux Moines

Belle-Ile

BELLE-ILE-EN-MER
Le Palais

I.le de Houat

Ile Haedik

OCÉAN   ATLANTIQUE

SIGNES CONVENTIONNELS

Échelle Métrique

Librairie Hachette et Cie Paris.

PARIS. — IMPRIMERIE A. LAHURE

9, rue de Fleurus, 9

www.ingramcontent.com/pod-product-compliance
Lightning Source LLC
LaVergne TN
LVHW022117080426

835511LV00007B/883